北大才斋讲堂(第三辑)

——科学精神与学科素养

高 松 主编

内容简介

才斋讲堂是北京大学研究生院主持开设的面向全校研究生的学科素养课程。邀请校内著名专家学者授课,本学期主讲人分别是:王博、赵辉、涂传诒、许智宏、程曼丽、韩世辉、朱彤、吴志攀、俞孔坚。他们结合自己的学术研究经验,分别从学科架构、学术素养、学科前瞻和学科应用研究等方面,解读学科奥妙,分享研究心得,提升研究生科学精神与学科素养,为同学们从事学术研究和职业发展提供参考和借鉴,促进创新型研究人才的培养和创新性研究成果的产出。

本书根据才斋讲堂系列学术演讲(第三辑)的内容整理修订而成。集主讲人多年的学术研究心得,真知灼见频现,高瞻远瞩,深入浅出,引人入胜,特别适合高校本科生、研究生以及教师、学者等阅读。

图书在版编目(CIP)数据

北大才斋讲堂. 第三辑/高松主编. —北京:北京大学出版社,2018.4
ISBN 978-7-301-29406-2

Ⅰ. ①北… Ⅱ. ①高… Ⅲ. ①社会科学—文集②自然科学—文集 Ⅳ. ①Z427

中国版本图书馆 CIP 数据核字(2018)第 052177 号

书　　　名	北大才斋讲堂(第三辑)——科学精神与学科素养
	BEIDA CAIZHAI JIANGTANG(DI-SAN JI)——KEXUE JINGSHEN YU XUEKE SUYANG
著作责任者	高　松　主编
责任编辑	文白雁　冉孟灵
标准书号	ISBN 978-7-301-29406-2
出版发行	北京大学出版社
地　　　址	北京市海淀区成府路 205 号　100871
网　　　址	http://www.pup.cn　新浪微博:@北京大学出版社
电子信箱	pup_6@163.com
电　　　话	邮购部 62752015　发行部 62750672　编辑部 62752994
印　刷　者	北京宏伟双华印刷有限公司
经　销　者	新华书店
	787 毫米×1092 毫米　16 开本　12.5 印张　173 千字
	2018 年 4 月第 1 版　2018 年 4 月第 1 次印刷
定　　　价	36.00 元

未经许可,不得以任何方式复制或抄袭本书之部分或全部内容。
版权所有,侵权必究
举报电话:010-62752024　电子信箱:fd@pup.pku.edu.cn
图书如有印装质量问题,请与出版部联系,电话:010-62756370

编 委 会

顾　　　　问：周其凤　王恩哥

编委会主任：郝　平　林建华

编委会副主任：高　松　龚旗煌　段丽萍

编委会委员：王仰麟　陈十一　严纯华　高　岱　张东晓
　　　　　　姜国华　刘明利　王天兵　徐　明　张黎明
　　　　　　蒋朗朗　陈建龙　贾爱英　商鸿业　崔　爽
　　　　　　黄俊平　王　青　胡晓阳　廖晓玲

主　　　　编：高　松

副　主　　编：姜国华

执行副主编：贾爱英

参编人员：何　峰　常　铖　瞿毅臻　郭　蕾　李　萌
　　　　　　李　爽　陆爱红　钱　岷　黄宗英　刘　柯

《北大才斋讲堂》序

2010年秋季开始，北京大学研究生院面向全校研究生同学推出"才斋讲堂"公共课，邀请北大各个学科的知名学者围绕本学科的历史学术脉络、前沿研究成果深入浅出地为各院系的研究生讲座。

截至2017年春季，"才斋讲堂"的讲座已经进行了140期，这是近140位北大学者和他们学术思想的珍贵记录。现在，在2011年出版了第一辑10讲的基础上，研究生院和北京大学出版社合作，完成第11至第140讲的结集出版，是一件值得祝贺的学术事件。

培养引领未来的一流人才，是北京大学的核心使命。"才斋讲堂"的开设，是服务这一核心使命的创新举措，6年来的实践取得了良好的培养效果。研究生教育历来重视本领域专业知识和素质的培养，但是，科学技术与经济社会的发展已经到了"专才"需要更多了解其他学科知识和方法的阶段。在学术界，以问题为导向、跨学科的研究团队相互协作、共同产出成果的现象已经十分普遍。今年的诺贝尔化学奖授予了三位冷冻电镜领域的学者，以表彰他们对冷冻电镜技术的发展做出的突出贡献。这次的诺贝尔化学奖被认为是一个"发给了物理学家的诺贝尔化学奖，奖励他们帮助生物学家实现了对生命化学机制解析的又一重大突破"，还被人们称为"理综"（理科综合）奖，充分体现了学科交叉的重要性和巨大潜力。在实际工作中，越来越多的工作岗位也需要掌握多学科知识和技能的复合型人才。

在推动跨学科人才培养、鼓励交叉学科研究的方面，北京大学起步较早，并一直在努力。2005年，北京大学成立了前沿交叉学科研究院，以此为平台，支持有来自不同院系、有着共同研究兴趣和研究问题的教师们开展合作研究和人才培养。近年来，元培学院开设了基于通识教育的本科生"整合科学"项目，燕京学堂开设了人文社科交叉学科人才培养的"中国学"硕士项目。这几项举措，在人才培养方面已经展现出突出的成果。

"才斋讲堂"则为更多的研究生同学学习其他领域知识提供了机会。走进"才斋讲堂"的讲者既有人文社科领域的大师、知名学者，也有理工医领域的"两院"院士、杰出科学家。这些讲者将他们本研究领域的精华，用通俗易懂的语言呈现给来自各个学科的学生，帮助文科生提升科学素养、理科生作育人文精神。

"才斋讲堂"的开设，还有一个起初可能意想不到的收获：记录北大学人、讲述北大学术。学术研究是北京大学另一项核心使命，建校120年来，一代代北京大学学者创造了影响国家发展和人类进步的新思想、新成果。这些思想和成果固然已经通过著作、文章等形式流传于世，但试想如果我们今天能看到更多百年前北大学者讲述学术、学科的影像资料，是多么珍贵。研究生院将"才斋讲堂"讲座进行文字整理并录制了影像，系统地记录一大批北大学者的精彩学术思想和成果，我相信这批资料将在未来展现出越来越宝贵的学术价值和历史价值。

2017年是北京大学研究生教育100周年；2018年，北京大学将迎来建校120周年。《北大才斋讲堂》的出版，是献给这两个对北京大学十分重要的时刻的美好礼物。祝愿"才斋讲堂"越办越好，为研究生人才培养和记录北大学人学术做出更大贡献。

林建华

2017 年 11 月 18 日

目　录

《北大才斋讲堂》序 ………………………………………………… 林建华（1）

第一讲　思辨与生命——以孔子和庄子为例 ………………………… 王博（1）

　　哲学是一门关于心灵的学问。汉字中的"哲"原本就是从心的。这并不是一个抽象而空洞的心灵，孟子说："心之官则思"，并通过思把生命和世界联系在一起。离开思的哲学是无法想象的，而离开生命和世界的哲学是苍白的。东西方的哲学或有不同，但哲学家们都通过思之探索创造着生命及世界的意义。本讲以孔子和庄子为例，讨论不同的天人之思如何成为不同生命姿态的基础和根据，并奠定了中国哲学作为生活之道的特色。

第二讲　考古学是什么 ………………………………………………… 赵辉（23）

　　随着人们对精神文化追求层次的不断提高，考古学逐渐成为社会关注的重点之一。但考古学究竟是一门怎样的学问？作为一个学科，它的研究目的、研究对象、研究方法、它与其他学科的关系、它目前的发展状况和它对社会的贡献，这些问题并没有得到普遍的讲解。本讲座拟就这些问题向关心考古学的同学们进行说明。

第三讲　太阳爆发、空间天气及其对人类活动的影响 …………… 涂传诒（51）

　　太阳耀斑和日冕物质抛射等爆发现象，通常伴随着增强的电磁辐射、高能粒子和等离子体的发射。对这些爆发现象的研究，不仅促进了人们对等离子体的基本物理过程，如粒子加速过程和磁能释放过程的认识，而且形成了新兴的交叉学科，即"空间天气学"。空间天气学研究太阳爆发导致的近地空间环境剧烈变化的过程的机理，还研究这些变化过程影响人类高科技活动的机理。本讲给出了简单的介绍。

第四讲　植物和人类——植物科学的今天和明天......................许智宏（67）

　　　　植物及其多样性为人类生存提供了基本的物质基础，丰富了人类的生活。当前全球面临的很多重要的问题，包括粮食安全、食品结构和营养、人类健康和新药开发、新能源开发和利用、环境保护等，都与植物有关。随着在分子和细胞水平上对植物生长发育和形态建成、光合作用、生物固氮、代谢和养分利用、植物抗病虫害和抗逆境等过程及其调控的深入了解，根据人类的需求定向进行"作物设计"（crop design）将成为现实。面对全球气候变化、农业可持续发展、能源和环境方面的问题，植物科学家应与农学家、生态学家和环境专家共同应对，为发展低碳农业、开发新型能源植物和工业原料、提供健康食品、开发药物、合理利用土地和水资源，以及改善环境等方面的问题提供思路和新的技术，为地球和人类的可持续发展做出贡献。

第五讲　西方媒体对中国的报道及中国"外宣"面临的挑战......程曼丽（91）

　　　　在国际传播领域，西方发达国家占据着全球传播体系的中心地位，缺少经济和技术支持的发展中国家则处于边缘状态，被动转载、转播着西方国家发布的新闻信息。这就使得国际社会的信息流向呈现出由中心向边缘流动、由发达国家向发展中国家流动的特点。因为西方媒体多为信息始发者，在涉华报道中也是如此，因而本讲基于对西方媒体，特别是西方媒体近期涉华报道特征的考察分析，探讨中国"外宣"面临的机遇与挑战。

第六讲　关于"自我"的哲学、心理学和神经科学思考............韩世辉（119）

　　　　"自我"是人类思想的核心内容之一。哲学家对自我的存在和内容有很多思考和命题。心理学家对自我的认知机制做了大量实验研究，发现人在一定社会和文化环境下的普遍和特异的自我加工过程。近年来，认知神经科学家也试图发现人类大脑中自我加工的神经机制及其社会和文化属性。本讲将介绍在哲学、心理学和神经科学领域，人类的自我概念及其加工机制的研究和观点，探讨这些研究结果和观点与每个人生活的关系和影响。

第七讲　大气痕量组分的变化与人类的未来发展...........................朱彤（137）

　　　　二氧化碳、甲烷、氧化亚氮、臭氧等都是非常简单的小分子，在大气中的浓度也非常低，属于大气中的痕量组分。但工业化以来，人类活动导致大气中很多痕量的气体分子浓度大量增加，随着光谱、质谱、卫星遥感技术的发展，人们认识到这些小分子的物理和化学特性是导致空气污染、臭氧层损耗、气候变化等全球环境问题的主要原因。研究大气中痕量组分的浓度变化、在大气中的传输和化学转化以及对气候、环境、生态的影响，是"大气化学"的主要领域，而减缓这些痕量组分对全球环境的影响，则需要科学进步，特别是人类社会发展模式的根本改变。

第八讲　转型经济发展与法治政府..吴志攀（153）

改革开放三十余年以来，中国取得了很大的成就，不仅深刻地改变了中国的面貌，也对整个世界的格局产生了深远的影响。面对社会转型期的经济发展和法制建设问题，吴志攀教授将引领我们探讨政治体制改革、经济体制改革方面的宏观调控法、市场规制法、大政府小政府、跨领域研究等一系列制度和理论问题，提出从人治的政府转向法治政府、建成完善的法治政府是中国政治体制改革的关键等。

第九讲　大脚革命：重归桃园——土地与城市设计的
　　　　理论与实践...俞孔坚（171）

全球化和城市化，给景观设计学带来了众多挑战和机遇。其中包含环境与生态危机、文化身份危机、精神信仰缺失，要求当代景观设计学必须承担起重建桃花源、重建"天—地—人—神"和谐的重任。本讲从中国大地生态景观的文化演绎、美学和环境伦理以及城乡规划方法论和国土生态安全格局的建立等三个方面，用多个实际案例探讨了中国生态文明之路。面对当代中国的环境与生态危机，提出新的生态文明之路在于：1. 在中国大地上重建生态安全格局，保护和完善覆盖整个国土的生态基础设施，像农业时代的风水格局一样，以保障在城市时代中国大地的生态安全和环境健康；2. 倡导"野草之美"与"大足之美"的新美学与新伦理，续唱新文化运动之歌，继续一场生存危机下的文艺复兴。

跋..高松（189）

第一讲
思辨与生命——以孔子和庄子为例

■ 王博

主讲人介绍：王博

北京大学哲学系教授、教育部长江学者特聘教授。北京大学党委常委、副校长。历任北京大学哲学系宗教学系主任（2009 年 12 月至今），北京大学社会科学部部长（2014 年 4 月至今），人文社科研究院常务副院长（兼）（2014 年 4 月至 2016 年 8 月），燕京学堂副院长（2014 年 4 月至今）。主要研究古代中国哲学，已出版专著多部：《老子思想的史官特色》《简帛思想文献论集》《易传通论》《庄子哲学》《中国儒学史·先秦卷》《无奈与逍遥》《奠基与经典》等，发表论文七十余篇，另有合著数种。

内容介绍： 哲学是一门关于心灵的学问。汉字中的"哲"原本就是从心的。这并不是一个抽象而空洞的心灵，孟子说："心之官则思"，并通过思把生命和世界联系在一起。离开思的哲学是无法想象的，而离开生命和世界的哲学是苍白的。东西方的哲学或有不同，但哲学家们都通过思之探索创造着生命及世界的意义。本讲以孔子和庄子为例，讨论不同的天人之思如何成为不同生命姿态的基础和根据，并奠定了中国哲学作为生活之道的特色。

我想起半年前曾读过一本书，作者是一个美籍华人，书名是《孔子与保罗：天道与圣言的相遇》。我读这本书时就在考虑一个问题：孔子是中国春秋末期的思想家和教育家，儒家学派的创始人，保罗是《圣经》中的人物，被历史学家公认是对早期基督教会发展贡献最大的使徒，可称为基督教的第一个神学家，如此对这两人进行比较合适吗？但后面想想似乎又有些合适。至于原因，和本文一样，可以分为严肃层面和诙谐层面，在此先从诙谐层面讲。因为孔子本身排行第二，他还有一个哥哥；而老子则是道教的天下第一，如果这么比的话对孔子是不公平的，那我们可以选择道教天下第二的庄子和孔子比，这样就是第二和第二之间的比较了。

今天的题目是"思与生命——以孔子和庄子为例"。这其中，一是牵扯到我个人的专业或者说是我所从事的职业，二是牵扯到我最喜欢的两个人，两个哲学家。也因此我选择这个题目，同时还有两个主要目的：一是跟各位朋友一起谈谈我对哲学的理解，二是跟大家呈现两种不同的生活方式或者说生命的姿态。

首先来谈第一个问题，我对哲学的理解。

哲学，是一个很尴尬的学科，为什么这么说呢？中午我们和招生办的老师们还就哲学系的招生问题进行了沟通。因为哲学系的本科生招生面临着很困难的局面——报考哲学系的人太少了。我不知道是不是北大最少的，但肯定不是最多的。我相信这背后一定有原因，而很大一部分的原因是大家对哲学的误解。而对哲学的误解，我认为最重要的问题不在于我们的孩子，虽然他们对哲学是有偏见，像我女儿就说她们中学生最优秀的都学数学，次优的就学社会科学，最差的学哲学。更重要的是家长，即孩子的父母。所以我们和招生办老师沟通中，他们就建议我们去中学给中学生做宣传，但我当时就想能不能对中学生的父母做宣传，告诉他们什么是哲学。当然这是一件很困难的事情。

说到哲学，大家就会想到抽象、空洞、高深、玄妙，总之就是不切实际的。曾经别人问我是做什么的，刚开始我还很老实地回答说是学哲学的，大家就觉得很奇怪，后来就被大家逼得只能回答说是学历史的，但后来我又发现历史也很别扭，最后我就说我是中关村卖电脑的，结果所有人对我都心怀敬意了，说我"了不起，高科技"。大家以前看我就像看一个怪物，但我一说我是中关村卖电脑的突然间就变得很受欢迎了，觉得我从事了一个很好的工作。我不认为我是一个怪物，但他们拿我当怪物看，这是谁的错？我们的朋友们、社会中不了解哲学的人们？哲学家？好像都不是，但我认为即使哲学会被边缘化，我所谓的边缘化是说它远离人们生活的中心，包括社会和世界的中心，还是跟它自身的品格有一定的关系。那么这个品格是什么？而这个品格就是我第一个要讲的，包括四点内容。

看到思辨这两个字，也许你们会想到逻辑，因为逻辑本身是很思辨的概念，不过坦率地讲，我对逻辑知之甚少。1986 年我曾经一度有机会去做逻辑学研究生，但阴差阳错地又失去了这个机会。现在想来，这对我来说未尝不是一件幸运的事情，因为我亲眼看到逻辑"吞没"了很多人，"吞没"了很多的生命，就像老虎一样把一个人、一个鲜活的生命吞掉了。这听起来似乎很恐怖，其实我想说的是很多活生生的有智慧的人，一进入逻辑世界之后就突然改变了样子，他们的才华、他们的兴趣等似乎都被湮没了，就像一个猛子扎到了无底洞里，永远也找不到边界。而哲学本身就是一个注重逻辑的专业，我们有非常好的老师，但我也知道，我们的逻辑课经常会让学生感到头疼。而我们在讨论院系课程设置时就一直有同事建议，应该将课程的难度安排在最容易的等级。而当时我听到最有趣的一个说法是我们的一个学生提出的，他说如果逻辑课有逻辑老师那么帅就好了。我觉得我们的逻辑老师如果听到这个说法之后会哭笑不得，他是我们哲学系非常著名的一个帅哥，可是这么帅的老师讲逻辑课时，同学们就觉得这个课程没有老师可爱。不过那是很显然的，因为逻辑课本身的内容会让人觉得有一点点迷惑甚至是折磨，为什么呢？因为它是思辨的、纯粹的思辨的东西。但我想强调的是如果离开思辨，哲学就不纯粹了，那么就没有人能给哲学一个很好的定义，也即没有人能给它一个哲学家们会接受的定义。

但无论如何，哲学有一个显著的特点，即它会对我们的生命、对我们的生活、对我们的知识、对我们的道德，包括对存在本身进行追问，而这个追问永远没有尽头。那么从这个意义上讲，哲学家是一直走在路上的人。而各位听到我这样讲的时候，是不是对学哲学的人有一点同情心？当我们很多人都在家里休息的时候，我们哲学家却一直在路上，一直在思考！那我们都在思考什么？生活的意义，这是一个老生常谈的说法。我是谁？从哪里来？又要到哪里去？世界的本质是什么？大家看看这些问题实际上都是一些"吃饱了撑的"的问题，是正常人不大会追问的问题。那么从这个意义上讲，哲学家是不正常的。事实也确实是这样的，有很多的哲学家，特别是西方的哲学家，对正常人而言就是很奇怪的人。很多哲学家一辈子都是很孤独地生活，变得像疯子一样。那他们为什么会变成疯子呢？最简单的一个理由就是思辨，他们总在追问永远没有答案的问题。各位，当你每天都在追问一个没有答案的问题时，你就会知道疯子是怎么炼成的。

从这个角度上来讲，中国的哲学家会好一点，因为中国的哲学家，不管哪个学派的，都有一个很大的特点，什么特点呢？用哲学的话讲叫"知止"，他们知道应该在哪个地方停下来，因为他们知道如果放任自己不停地追问的话，是永远没有尽头的。我很欣赏中国哲学家这样的态度，而拥有这种态度的诗人，同时也是哲人。陶渊明就是这样一个典型。他说过"好读书不求甚解"，很多人把这句话，特别是"不求甚解"当作是消极的，是需要批评的东西。但是我认为这真的是一个非常健康的态度，也是一个非常有智慧的态度。因为任何事情，如果你不停地追问，那到最后你就会完全疯掉了。我记得有一次做梦梦到宝玉和黛玉的追问，当宝玉看到黛玉在落花流水的边上抹眼泪时，他看呆了，但之后他就开始思考，思考几年后黛玉这样一个如花似玉的美人会去哪里，几十年后这个园子会去哪里，如果这样想的话,一百年后《才斋讲堂》会去哪里?它可能消失了,那么我们为了想要一个存在,或许就会有另一个讲堂了,因为一切都是假的!所以这样不停地追问,可能一切都没有意义,所以我们就需要有一个界限,需要这样的"知止"。当然,"知止"并不是说他们真的认为"自辨"有尽头。事实上,有时候思辨对很多人来说是件很快乐的事情,特别是当思辨离开世界的时候,就变得非常快乐。而只有跟生命相通的思辨,有时候是沉重的。

我跟各位讲一个人,他的名字是金岳霖,是我们北大的一位前辈。他也是一个很怪的人,而把他所有的智慧都献给了另外一门更不靠谱的学问——逻辑和哲学,于是他的生命就这样被"吞噬"了,或者说是被装满了。他说哲学不过是一场游戏,我不知道各位听到这个说法后是什么反应?我最初听到这个说法时,非常不理解!哲学什么时候变成一个游戏了?但如果你进一步切入哲学的思辨本性的话,那也许这句话就会得到更多的认同。哲学是一个游戏,是什么游戏呢?是一个思想的游戏,还是一个分析的游戏,抑或者是一个对话的游戏?所以有时候你会发现,哲学是挺有趣的——它能把说话当成是一种练习,而这里面却承载太多的东西。如果你坚持说它表达了一种规范、一种很高尚的东西,那这个时候的哲学和你把它当作游戏时是不一样的。

其实当我们仔细思考他的说法时,我们就可以把哲学的思辨演绎到极致。当你投入地快乐地做一件事时,你就会把它看作是一个游戏。而游戏的心理不是不在乎,而是恰恰相反的、享受的、正面的态度。因此,在我看来,金岳霖是很享受他所从事的逻辑和哲学专业。如果你去读他写的知识论和论道,那他必定是参与其中的,因为那是他自己思想的一种游戏。而从这个角度来讲,哲学家完全可以在很抽象的地方寻找属于自己的快乐——通过思辨。

但是我今天的题目之所以是"思辨与生命",却是因为我并不喜欢或者说我并不希望思辨总是抽象和空洞的,或者是很纯粹的,所以我想把思辨拉回来:拉回到地上,拉回到生活中,拉回到生命中!这样的思辨就有了一个中心,而这个中心就是生命,就是生活——其实就是生存。这时的思辨就像是风筝一样，被一条线牵引着，任何时候总有东西让它牵挂，再也不可能无休无止地飞到未知的地方去了。

其实在很大程度上，各位，在某些时刻我们把它丢失了。我记得在若干年前，有一位法国的哲学家曾经写过一本关于哲学的书，中文版叫《生活方式》（又译《生活之道》）。当我们像这位哲学家那样去理解哲学时，那哲学是什么？哲学就是非常贴近生命的东西，也许是我们每个人都离不开的东西，可是离开也没问题，就像古人曾经说过的，道是什么东西？就是"虚也""不可离也"。不过这是见仁见智的一个问题，你可以不了解它，但这并不妨碍你的使用，就像你没有学过语法，但是你说话却完全符合语言规范的逻辑。同理，你可以没学过逻辑，但你的思维一定是符合逻辑的；虽然你没有学过哲学，但哲学并没有抛弃你，这就是哲学的美德——你可能不喜欢哲学家，但哲学家却是喜欢你的。而我认为如果结合这个道理再看中国哲学的话，就会发现中国哲学从始到终，都是作为生活指导或生命指导存在的；而中国哲学家的思考，无论是直接的对生命的思考，还是抽象的对天地的思考，则都是永远离不开"生活（生命）指导"。因此，从这个意义上来讲，我愿意为哲学给出属于我自己的一种描述，而不是定义。定义是什么？定义就是你给出的一个非常强势的概念。描述则意味着我从一个角度出发的针对某个物品的想法，但并不意味着它就是这样的事物。这也体现出对一个哲学家最重要的一个品质——自知之明，我无法定义哲学，就像我无法定义生命或生活一样。

那么这个描述是什么呢？这个描述就是哲学也许有两只翅膀，一只是思辨，另一只是生命，而更重要的是这两只翅膀是一体的、不可分的——思辨总是基于生命，而生命总是奠基在某种思辨的基础之上。那么哲学家跟一般人的区别在什么地方呢？事实上，哲学家与普通人最大的区别，就在于他们是对生活有某种自觉的人。比如"吃喝拉撒睡"，一般人的"吃喝拉撒睡"可能仅仅是"吃喝拉撒睡"，但哲学家的"吃喝拉撒睡"都是自觉的，是经过思考的。经过思考是什么意思呢？就是他们的"吃喝拉撒睡"都是被翻来覆去折腾后安顿出来的"吃喝拉撒睡"。这就是我对哲学的一种理解。

第二，两种不同的生活方式。

我今天的第二个任务就是要向各位澄清两种生活方式，两种非常不同的生活方式。

首先谈一下我为什么要选择孔子和庄子进行对比，而不是孔子和老子，或者孟子和庄子。因为在我看来老子是一只"老狐狸"。老奸巨猾，老谋深算！而在我看来，老子思考的主要对象是什么呢？是政治世界，特别是权力世界。那这个政治世界是一个什么世界呢？是和我们隔着遥远距离的一个世界，这个距离大概超过了地球和火星的距离。也因此，我们读老子时，也许没有那么强烈的亲切感，退一步讲，也许会与他产生另外的某种共鸣，但这个共鸣一定不如我们和庄子之间的共鸣来得强烈。那庄子是一个什么样的人呢？他是一个对权力世界完全不感冒的人。今天在座的各位，到目前为止我们的基本身份是学生和老师，也即传统中的"士人"，属于"士人群体"。而严格来讲，老子不属于这个群体，但庄子属于这个群体。不过庄子属于"士人群体"中的特殊类型——隐士。而孔子是什么人呢？在我看来，孔子是一个非常典型的正常的士人。因此我认为他真的能感受到对方生命的存在以及心灵的跳动。而孟子呢？在我看来，孟子的很大的一个特点就在于他的"狂"，他具有非常强的攻击性，因此我愿意和他保持一点距离，虽然我知道在某个时刻需要这样的一种生命。这和个人性格有关，想想孟子的豪言壮语——"夫天未欲平治天下也，如欲平治天下，当今之世，舍我其谁也？"这是孔子两辈子都说不出的话。也因此，后来对孟子非常赞赏的宋儒就说孟子英气逼人。先有英气才有圭角，什么叫圭角？就是棱角。什么是棱角呢？其实就是如果你的头撞到某个地方，你会很疼，然后你就会躲避这个地方；如果你身上充满棱角，别人会不会也会躲避呢？会的，因为别人总觉得不舒服。我可以很欣赏孟子的狂，充满英气和圭角的狂，可我更喜欢孔子的混沌——宋儒曾经有个比喻，叫元气。元气是中国古代哲学中一个非常重要的，也非常有特色的概念。元气是什么样子呢？元气就是没有分解的混沌。混沌没有分解的话，怎么会有圭角？又怎么会英气逼人呢？但如果说孔子没有英气，那可能就错了。他是圣人，是中国文化史上最著名的、最伟大的圣人。如果没有英气，他怎么可能会拥有这样的地位？而这其中很重要的一点就是他有英气，但又让别人感受不到那个英气。这是他的智慧！因此孟子和孔子两相比较，我更喜欢孔子；老子和庄子两相比较，我更喜欢庄子。而我更愿意把我最喜欢的这两个人进行比较，有人可能会说，这不是拉郎配吗？事实上，我相信很多人都听说过一个比喻——关公战秦琼，讽刺那些不切合时间、实际来做比较的人。而有时候我们做的哲学比较也会有一些关公战秦琼的感觉，比如拿中国的一个例子和西方的一个例子进行比较，在这些例子中孔子、老子的使用频率还是很高的，而很多比较确实是拉郎配。但孔子和庄子的比较不是拉郎配，为什么呢？因为他们每个人的心中都有对方！

那他们是同性恋吗？他们真的是。很多人应该知道崇尚精神恋爱的哲学家柏拉图，他认为最美好的恋爱不是存在于男人和女人之间。他的意思不是李白"相看两不厌，只有敬亭山"的那个意思，而是说最美好的恋爱存在于两个哲学家之间，存在于两个伟大的灵魂之间。庄子的心中始终是有孔子的，在庄子的书中抬头不见低头见的一个人就是孔子。那庄子为什么总是谈孔子呢？他们虽然属于两个不同的文化，但就像一块硬币的两面，他们谁也离不开谁。就好比一块玉，有人说他喜欢玉的这一面，但你自然也了解玉的另一面。又比如说一个坟地一定会有两端，而孔子和庄子就像这个坟地的两端，当一端完全消失的话，另一端也就消失了。所以当孔子消失的时候，庄子就失去了存在的意义和理由。这就是庄子，而《庄子》第一篇就是有关孔子及其最得意学生的内容。而在这篇中，你经常会发现，孔子一会儿是庄子的代言人，一会儿是庄子调侃的对象。当然按照心理学的理论，一个人很喜欢调侃另外一个人时，他其实是很喜欢那个人的；当一个人经常去贬损另外一个人时，他的心里也一直是装着那个人的。所以在庄子的寓言中，孔子的形象大量出现，不是作为背景，而真的是作为他生命中最重要的部分出现。

那孔子是谁？孔子是庄子最重要的对话者。但什么样的人才有资格成为庄子的对话者呢？我们知道庄子是非常骄傲的，骄傲到"独与天地精神相往来"，在他看来，没有人配得上和他说话。可是在他看来，所有人中有一个人最有资格和他谈话，这个人就是孔子。由此可知孔子在庄子心目中的分量。那么孔子呢？他的心中有没有庄子？有人会说老师，庄子比孔子晚生了两百多年，孔子的心中怎么可能会有他呢？我说孔子心中有庄子，但此时的庄子不是一个实际生活的庄子，而是代表着一种灵魂、一种思想，代表着一种对世界和生命的思考和理解，在某种意义上也是对这个让人无奈的世界的一种逃避、一种解脱，也可以说是一种超越。而孔子在他很无奈的时候，也曾经有过类似庄子的想法。比如孔子说，"道不行，乘桴浮于海。从我者，其由与"。子路是孔子七十二贤之一，是孔子忠实的门生，是一个很勇敢的人，也是我自己非常喜欢的人。他说老师你要去海边玩儿我陪你。但孔子说其实你并不懂我的心。子路不懂，那谁懂？庄子懂，庄子懂他的心。庄子在"道不行"时，他不是浮于海，而是四海内外都可以浮于海，都是可以流动的，这就是庄子。从这个意义上讲，庄子不过是孔子生命中某一状态的放大。孔子曾经还发出过同样的一种感慨："子欲居九夷，或曰：'陋，如之何？'子曰：'君子居之，何陋之有？'"他的弟子们有些不理解，说那个地方很偏僻。那孔子为什么会有这样的一个想法？其实它跟前面的"乘桴浮于海"表达的心情是一样的：一个人如果不停地追求某种理想，而那种理想又永远不会实现的话，他难免会疲惫，甚至是心灰意冷。这时他可能短暂地想要逃避，但也许一瞬间，这个想法就又消失了。

所以庄子在孔子的生命中是一个"小人"，"小小的人"，是孔子某一时段的状态。可是庄子把它放大了，放大到"一个整体的人"的大小。所以说孔子的心中有庄子，也正因为如此我会把这两人放在一起比较。而这种比较有一个最大的好处，就在于能够呈现出两个非常不同的方式，但又受控于相同观念的生命力。

不过如果仅仅讲生命方式的话，那不是哲学。我不仅要跟各位讲生命的方式，更重要的是要和各位来简单讨论生命和生活方式是建立在什么样的思辨基础上。这种思辨不仅包括对人的理解、对生命的理解，更包含了对世界比如对天的一种理解。它是内在相通的，正是这种内在的相通才构成了哲学家这样的生活。

首先，是孔子。

孔子的生命是一个什么样的生命呢？政治和道德，构成了孔子生命中最重要的两个部分。众所周知，孔子的一生是什么样的一生呢？革命的一生，战斗的一生，孜孜不倦的一生！孔子一生一直想要进入权力世界，但总跟权力失之交臂。通俗地讲，孔子就是一辈子都在想着做官的人。但严肃地讲，孔子一直想参与到实际的生活世界，特别是以政治和道德伦理为中心的生活世界。而事实上，孔子在他差不多 50 岁时，获得过一次短暂的从政机会，并且做到了司空和大司空，但这次的政治生涯太短暂了，也就两三年的时间。所以他还没有来得及在权力世界中传播他的思想，他的舞台就已经消失了。孔子很是不甘心，自此开始了长达十五年之久的流浪生活。人生七十古来稀，而孔子作为一个五十多岁的老人（起码相当于我们现在的六十多岁），不在家里待着，还要去不同的国家流浪。为什么？为了推行"道"。那"道"又是什么东西？简单来讲就是理想。为了他的某种理想，孔子经历了太多的磨难，好几次都差点死掉。那他到底是为了什么呢？背后又牵扯到什么呢？实际上牵扯到孔子对生命和世界的理解。正是因为这种理解，孔子有时候甘愿冒着别人的误解去做一些甚至让他自己都不喜欢自己的事情，我举三个例子，其中两个例子和乱臣贼子有关，另外一个和美女有关。

第一是两个和乱臣贼子有关的例子。这两个乱臣贼子，一个叫佛肸，一个叫公山弗扰，都是背叛了自己的君主的人。他们背叛了自己的君主，就向孔子招手，说给孔子一个位置，让他辅佐他们。这两次招手孔子都动心了，都想要去，而在这两个关键时刻是谁阻止了他？又是子路！所以我说子路在孔子弟子中是一个不可或缺的角色，他真的是孔子的保镖，并且不是那种有四肢没大脑的保镖，而是既有四肢又有大脑的保镖。但这其中让我们思考的，是孔子那种不可遏制的政治冲动。也有很多人花很多笔墨去演绎这样的一个段子，比如从电影《孔子》中，我们看到了世人的悲哀和无奈，看到的是一个知识分子想要实现他的理想就不得不对现实的，甚至是有点肮脏的、有点龌龊的、有点冷酷的世界的妥协。

孔子想见南子吗？我相信南子即便不是孔子最不想见的一个人，也至少在他不想见的黑名单中排名前三名。可是孔子见了，最不想见但又不得不见，这是什么？是不得已，是无奈。可是孔子为什么要无奈？为什么要不得已？为什么庄子就可以不见？因为他们选择了不同的生活，而他们之所以会选择不同生活，在于他们对生活本身的不同理解。而这种对生活的理解牵扯到孔子对人之根本的理解。那什么是人？孔子理解的人到底是什么？我认为最重要的一点是，人不过就是忍。

人者，忍也。当然孔子没有说过这句话。对于这个公式，我有一个非常有逻辑的方式，不过这个逻辑方式包含着某种游戏的味道——"人"加上"二"。个"人"是一个抽象的人，加上"二"之后的这个人就不一样了，就比我们亲切多了，因为我们看到了两个人。也就是说，人是以两个人的方式存在的，这事实上就是在对抗孤独的或独立的个人，是一个纯粹的生命的拒绝，那人的本质在什么地方？人的本质就在于它是以两个人的方式的存在体。但当我们说两个人时，其实不是固定的两个人。比如儒家的五伦，都是两个人，但这每两个人又是不同的——君臣，父子，兄弟，夫妇，朋友。这只是两个人的组合，可是这些不同的两个人一起就是整个世界。

所以这里包含着孔子对人本质的最深体验，而这种体验可以在《论语·微子》第 17 篇中找到。而《微子》这一篇是值得好好去读的一篇，因为这里面提到了很多人，很多那个时代的隐士——就是把自己藏起来，跟世界"躲猫猫"的人。当时的隐士对孔子和他的学生的生活进行了嘲弄，孔子就和子路表白自己的心迹，说隐士们的嘲弄是不对的，又说他即便是面对隐士不断的嘲弄，也一定要坚持自己的生活。他曾经说过一句非常著名的话："鸟兽不可与同群，吾非斯人之徒与而谁与？"这个话是什么意思呢？其实就是说人对自己的身份的一个确定——我是谁，我是以何种方式存在于这个世界上。我是谁？也许大家会说"我是我"，但孔子就告诉你说"你不是你"，你离开了别人什么都不是。我也不是我，离开了别人、离开了世界，我也什么都不是，或者说根本就没有我。而且人注定是和鸟兽有分别的，而这个区别也一直都是儒家特别强调的。其实这不是说儒家看不起禽兽，他主要是对得起自己，而他们强调这种区别主要是确认自己的身份，在本质上是为了给自己一个定位。

"鸟兽不可与同群",这个"群"字非常重要。因为人是"群"中的一个存在,在"群"中生活是人无法逃避的命运。即便你一个人隐居在深山老林中,你还是在人群中生活,为什么呢?因为你的心始终惦记着那个滚滚红尘。比如前一阵子网上炒得很火的一个北大毕业生,无非就是说他带着太太到深山老林中生活,而这会儿要回归都市人群的事。我相信他们在过所谓隐居生活时,心中想的是权力,是别人,是滚滚红尘,是繁华的北京城,所以他回来了。言归正传,一个人,即便他每天和鸟兽在一起,他养很多狗、很多猫,但这些鸟兽都不属于他,他也不可能从这些鸟兽身上获得认同感。所以在"存在"这个意义上,孔子说"吾非斯人之徒与而谁与"。"与"是什么?是"相与",就是大家都在一起,谁都不是孤独的。但庄子就不一样了,他曾经说过这样两句话:"同与禽兽居,族与万物并。"所以,第一庄子心中有孔子,第二他就是要和孔子唱对台戏,这样才能吸引更多的人注意这个话题。

这就是孔子的一个体验,换言之就是人是在群中生活的,那就会产生第二个问题——我应该如何去面对别人?我前面讲过,对孔子来说两个人构成了世界,而这个"人"字所表现出来的价值不是别的,而是一个人应该以什么样的姿态去面对另一个人?有人说是恨。"恨"也许可以,但"恨"只能解构人的本质,是一种毁灭性的姿态。而孔子说是"爱"。可是爱是什么?仁者爱人,爱其实不是别的,爱就是两人一体的感觉。而两人一体不就是"从"字吗?于是这个"从"字就具备了新的意义。你看这么简单的一个字,我们从中真的是可以思辨出很多的含义。这是两个人的一个含义,那它的第二个含义是什么呢?这两个人是两个一体的关系,什么叫两个一体?那就是说我们是不同的,但是我们是一体的。比如我们的左手和右手是不同的,可是它们是一体的;再比如我们的手和脚虽然距离很远,但也还是一体的。所以爱是什么?我强调的爱不过是一种一体的感觉!因为当你爱一个人时,你会知道那个人不是你生命之外的人,他就在你的生命之中,就是你生命中的一部分。这就是两个人的含义,换言之,如果一个人在你生命之外,你肯定不爱他。

那么爱表现在什么地方?我们知道爱可以表现在若干地方:对贾宝玉

来说，爱可能是体贴，所以他对所有人都很体贴，尤其是美女，这是贾宝玉爱人的表现。而爱变成了恨也是有可能的。而对孔子来说，爱则表现在对群体的安顿上。那人怎么安顿自己呢？对孔子而言，我们只有在安顿别人的过程中才能够安顿自己。这是一个什么样的思辨啊！大家如果读《论语》的话，就会发现孔子实际上是一个纯粹的人，一个高尚的人，一个脱离了低级趣味的人，一个大公无私的人！从《论语》中，我们看到孔子时时刻刻想的都是别人，没有自己；他是道德典范，是一个共产主义战士。他的学生曾经问孔子他的志向是什么，孔子回答得非常干脆简练——"老者安之，朋友信之"。没有空话、套话、大话，这就是孔子，他安顿的是老者，是少者，是朋友。那他自己呢？他给自己更多的是修己，这从他回答另外一个学生有关君子的问题中可以看出。他说对君子而言，最重要的一点是修己，君子要以"静"的态度来修身，来整理自己。

  那么或许有人会问，圣人不爱自己吗？这是一个非常有趣的话题。回答这个问题之前，我再和各位做一个古代儒者们做的文字游戏。我们看两个字，"仁"和"义"。这两个字有区别的，"仁"是我中有别人，"义"是别人中有我。这也是为什么后来儒家讲一个字叫"仁"，讲两个字叫"仁义"？因为"仁"是用来对别人的，"义"是用来对自己的。"义"是某种原则。所以以孔子为代表的儒者是怎样的一种存在呢？引用毛主席的八个字，就是"严于律己，宽以待人"。一个人如果"宽以待己，严于律人"，那不是共产党人，也不是儒者。

  "君子修己以安人"，君子要修行，但他修行的目的是安人，安顿别人。换言之，君子修行后要安顿的并不仅仅是自己的兄弟、爹娘，而是整个的世界。哪怕他远在南极，哪怕他住在广寒宫里面，你也要安顿他，这就是君子。对孔子来说，这些是很困难的事情，连古代的圣王可能都做不到，但这并不妨碍它成为他的理想。这就是孔子在思考中演变出的爱的态度。

  不过需要注意的是，对孔子乃至整个儒家来说，这种爱不是抽象的平等的爱或兼爱。兼爱是什么爱？就是无差别的爱，就是不拿自己当外人的爱，比如把别人的爹当作是自己的爹。可是孔子的爱不是兼爱，他很现实。

这里的现实没有任何批评的味道，而是要说明他洞察到真实的世界与真实的人性，所以他把爱放在一种秩序中间。这时就不得不提儒家的义，"义"最基本的意思就是恰当。没有义，你的爱可能就是不恰当的，这时抱着爱的姿态去面对别人和世界时，我们给别人添加的是麻烦。所以我们需要这种恰当有一个外在的规范，就是"礼"，就是秩序。以"群"字为例，它左边是一个"君"字，右边是一群羊，这不就是名分吗？这不就是秩序吗？而这个"君"是什么呢？这个"君"就是领头羊。那么右边的一群羊和左边的领头羊就区分开来了，而既然区分了领头羊和一群羊，那对它们爱的姿态就是不一样的。

请大家注意，从称呼中表现出来的名分也是思辨能力的重要表现，比如我们中国人对亲属关系的细致分析。比如兄弟，有堂兄弟，是叔叔的儿子；有表兄弟，是姑姑家的儿子；堂兄弟和表兄弟是不一样的，一个是"堂"，门内的自家人，一个是表，表面的兄弟，而我们对堂兄弟和表兄弟的爱的分量也随着这种称呼决定了。这就是"字第"，而它仍然来自于群对人本质的一个确认。

从这样的思考中，很显然会发出一个疑问，即在我们的生命中是不是先天就具有这个东西？这是一个真正的问题，而这个问题又永远是需要思辨才能解决的问题，并且永远不可能用解剖的方式去获得答案。因为从小孩子身上，我们根本得不出结论。而一旦把人的本质确定为群，并由群引申为爱，由爱引申为秩序的话，这时一定需要一个结论——我们每个人都不是赤裸裸地来到世界上，那么你来的时候心里面有什么？这是关乎我们作为人的本质的一部分。孟子说人心中有四个坚持，就是"仁义礼智"。他的这个结论是怎么得出来的呢？这是思辨的结果，而这种思辨来自对某种生活方式的支撑，是你选择一种生活方式的原因所在。孟子和孔子一样，为了推行自己的政治主张周游列国，那是一件非常艰苦的事情，可是为什么他们会选择这样的生活呢？因为他们需要这种生活，不是他们自己需要，而是这个世界需要。也只有这样的人才有可能去支撑这样的一种生活方式！而为了支撑这样的生活，他的心中必须要有一个东西，这时如果沿着这个思路继续思考，他一定会认为我们与生俱来的心一定固有着某些东西，而这种东西支撑着我们的生命，比如仁义礼智这些最基本的东西。当这些最基本的东西确定了的时候，你就会发现我们这个世界是实在的。"实在"是一个很典型的哲学语言，和我们经常使用的形容词没有直接关系。

那什么叫实在？实在就是很靠谱的、很真实的东西。那为什么说这个世界是靠谱的呢？因为我们有一个很实在的心，就像孟子讲的那样，我们有恻隐之心，我们有羞辱之心，我们有辞让之心。这样的一个有关心的结论一定会被人推理出来。但这难道是我们对世界的唯一理解吗？这难道是我们唯一可以想象到的生活方式吗？这难道不是我们逃避的生活吗？

不，有一个人，有一个聪明绝顶的人一生都没有逃避，他就是庄子，他给了我们另外一个答案。我经常开玩笑讲，孔子是哪里人？孔子是山东人，而山东人有个显著的特点就是做人很厚道、很仗义。庄子是哪里人？是河南人，而河南人有个显著的性格是很忠厚，文明的积淀很深厚，很有智慧、很高明。那高明的体现是什么呢？高明体现在莫名其妙的冲突上。我们都生活在这个世界上，可是大家看到的世界是一样的吗？当然是不一样的。我偶尔会将 2008 年奥运会的标语"同一个世界，同一个梦想"调侃为：如果你认为我们都生活在同一个世界里面，那就等于说你在做梦。其实我们根本就不是生活在同一个世界里，你能想象孟子和庄子生活在同一个世界中吗？你能想象孔子和老子、韩非生活在同一个世界中吗？肯定不能。以孔子和庄子为例，孔子生活在什么地方？生活在春天的山东。那庄子呢？庄子生活在秋天的河南，这肯定是不一样的。所以我们实际上是生活在不同的世界中，而我们也因此会对这个世界产生不同的思考，我们也会有不同的选择。而庄子经常被称作是一个美人，这个美人是一个冰美人。他和孟子不同，孟子是一个血气方刚的汉子，是康巴汉子。

那庄子为什么会是一个冰美人呢？他是一个难得的即便你不喜欢，也会被迷住的一个人。你可以不喜欢他的生活，可以不喜欢他关于生活的思考，也可以不喜欢他的哲学，但你一定会被他吸引。他为什么会有这样的魅力呢？因为他太有才了，但是他是"装有才"。他不是出类拔萃，而是与众不同。出类拔萃是什么意思？在正常的轨道中比别人好，孔子就是出类拔萃。而与众不同则是跑偏了。庄子真的是与众不同，因此他可以远观，但不可近观。这是冰美人带来的印象，冰美人的冰是很冷的。见庄子一笑比见鬼还难，因为鬼有的时候还是可以见到的，但庄子的笑是永远见不到的，他始终戴着厚厚的面具，即便是笑了你也看不到。这个面具是与生俱来的，所以他叫庄周，装得很周到，一点缝隙、一点漏洞都没有。那他这样的一个人为什么不对别人笑呢？

这里又牵扯到庄子是一个什么样的人的问题。他是一个目中无人的人。当一个人目中无人的时候，你怎么会期待他把你当人，怎么会期待他会对你笑呢？而当一个人真的目中无人的时候，他的世界就是一个无和有的世界，是什么都没有的世界，他的心里只有自己。这点和孔子不同，因此当孔子把人的本质看作是一个人群中的一个生存时，当孔子把安顿别人和安顿世界看作是自己无可逃避的使命和责任时，庄子给出了一个完全不同的思考和选择。

在谈论庄子的思考和选择之前，我先讲个故事，是《史记·老子韩非列传》中的，这个故事在庄子自己的书中也有。这个故事讲的就是有一天，某一个君主带着重金去聘请庄子。如果是孔子的话，这个君主就得偿所愿了。但很不幸，他碰到了庄子。庄子说，滚开，你不要污染了我，不要玷污了我。庄子不是不知道权力和财富在某些人心目中的可贵，可是庄子这样说的时候，他是想说，这些东西跟人的生活有什么关系？换句话说就是，他为什么非要像孔子一样？他为什么要权力世界、要生存，为什么非要去承担对他人的一种责任和使命？庄子后来打了一个比方，是牛和猪的一个比方。谁是那头牛？孔子就是那头牛。其实很多人都是那头牛，崇祯皇帝是那头牛，韩信是那头牛。这些"牛"真的是很风光、很显赫，但有一天被拉到了祭台，献给了天神。如果你是一个牛人，你随时要准备牺牲。而此时大家就知道其实庄子有另外一个选择。庄子说，为什么不做那头猪？猪有属于它自己的快乐——那种自得，那种自由自在。庄子也是在污泥中打滚的，因此庄子刻意地过着两种生活，一种是权力世界的生活，另一种是自由的生活。而各位同学，我相信你们在未来的生活中会不断感觉到自由和权力之间的冲突。

那什么地方最不自由？权力世界。什么地方最自由？离开权力的世界，它们两个是天然相对的"牛"的世界和"猪"的世界。而庄子非常清楚地意识到这两种生活方式之间的不同乃至于对立，所以他自觉地拒绝了"牛"的生活而选择了"猪"的生活。他真的做了那头猪，而他做的又是一头什么样的猪呢？他做的是一头完全目中无人的猪，不仅目中无人，而且目中无猪。庄子的世界只有这头猪，只有他自己。猪和人不一样，当人只能在群体中存在时，猪也许能自得其乐地在某个地方享受属于它自己的那份快乐。

而庄子和孔子最大的不同是什么呢？庄子从根本上体验到人是孤独的，人不管怎样想要跟别人在一起，他最终还是孤独的。当孔子讲我们人有能力将心比心，有能力快乐着别人的快乐，悲伤着别人的悲伤时，庄子说这都是胡扯。因为他认为我们人根本就没有这个能力，你怎么可能知道别人的心事，你怎么可能去快乐着别人的快乐，你又怎么可能去悲伤着别人的悲伤？比如在你最快乐的时候，是没有人可以跟你分享的，因为当你把自己100%的快乐分享给别人时，别人只回给你1%，另外99%是"羡慕嫉妒恨"。而当你把自己生命中最悲痛的东西告诉别人时，别人只是给你几行清泪，之后他就开心地去过自己的生活了。此时，你会发现我们虽然处在人群中，可是我们每个人归根到底都是孤独的，我们根本没有能力完全了解别人。换言之，就是当孔子说，我们以爱的姿态来面对世界时，庄子很清楚、很干脆地告诉我们，你没有能力去爱别人。这简直就是晴天霹雳！我们那么多人都想去爱别人，作为父母想爱孩子，作为孩子想爱父母，作为兄弟想爱姐妹们。可是庄子说你根本没有这个爱的能力。爱的无能，这真的是一个非常大的问题。

其实，我觉得庄子是因为爱怕了，所以才得出这个结论。他以前真的爱疯了，但后来他很伤心，于是就说他自己没有爱的能力，所有人都没有爱的能力。大家应该都知道庄子那句脍炙人口的话——"子非鱼，安知鱼之乐"。这不是庄子提出来的问题，是庄子的好朋友惠施提出的问题。但我们所有人都知道，这个寓言中的所有问题都是庄子提出来的。有人说那不是庄子说的，那庄子就说这真的证明了"子非鱼，安知鱼之乐"——你不是鱼，你怎么知道鱼是快乐的？你不是我，你怎么知道我是快乐的？我不是你,所以我不知道你是快乐的。你不是鱼,你一定不知道鱼是快乐的。这就是一种思辨,但这种思辨背后通向的却是越来越孤独的自我。

所以,如果大家能成为庄子的话,我们就都解脱了。我们根本不需要去揣摩别人,因为再揣摩你也揣摩不透,与其这样,不如就放弃吧。于是庄子放弃了。庄子放弃了谁?庄子放弃了别人。所以你如果和庄子一起生活的话,就等于是和影子一起生活。庄子不仅放弃别人,他也放弃了整个的世界,在他的世界中最重要的是"无"。而一个人在达到这个境界前,他一定拥有过某些东西,甚至是非常刻骨铭心的。那么庄子在达到这种"无"和"有"的境界之前,他肯定曾经拥有过理想和梦,他曾经拥有过孔子——庄子是从孔子出发的,是卑微时的孔子。可是庄子长大了,他发现他那么努力地想要去为别人承担和奉献时,收获的是一无所有。就像我们突然之间爱上了一个人,而且爱好几年,但对方弃我而去,我收获的是一无所有一样——曾经豪情万丈,归来却是空空的行囊。于是他有了很大的飞跃。什么飞跃呢?从曾经的"有"变成了"无"。而庄子最大的一个本领就是化实为虚,于是那些曾经实实在在的东西在庄子的世界里就变得非常不靠谱了,变得没有根基了。而庄子的那个世界是什么样子呢?引用庄子学生的一个概括,就是"变化无常"。你会留恋一个变化无常的世界吗?你会执着于一个变化无常的东西吗?你会执着于一个转瞬即逝的美好事物,而让自己伤痕累累吗?庄子就说,你为什么非要伤痕累累地执着那个事物呢?它是最不靠谱的、最变化无常的一个事物,这有什么价值和意义?

那么"无"是什么?佛教讲"无",讲"空"。但这里的"无"和"空"不是什么都没有,而是面对这个看起来实实在在的世界的穿透力,进而,你就会发现这个世界是空的。这时大家就知道为什么庄子是一个冰美人,因为他把所有的东西都掏空了,剩下的只是空心了。这就是无,尽管所有的都有,尽管躯壳在这里,人在这里,可是他的心已经被掏空了。也就是说,所有的这些东西都是不靠谱的,是变化无常的,这时你就达到了无。也因此,对庄子来说,生命就完全具有了一种跟孔子不一样的概念和意义。

你是谁?我不知道我是谁。这就是最标准的庄子的答案。他不知道自己是谁，如果他知道自己是谁的话，那就不是无，他就不是虚的。他是从哪里来的？他从无中来。他要到哪里去？他要去无中。也因此，对庄子来讲，生命是什么？生命不过是在两个无中间的一个偶然的、具体的，一个有形的物质。当然这里的两个无其实就是一个。这就是庄子，而庄子在他妻子死的时候没有哭，这不代表庄子是冷酷无情的，更不代表庄子是冷漠的。因为只有当一个人缺乏爱时，才叫冷漠，但庄子不是缺乏爱。因为当你说缺乏爱时，实际上你已经在肯定"爱"这个事物的存在，但作为"无"的庄子，他根本没有爱，也没有恨，没有喜怒哀乐，所以他是无情的。但他绝对不是残酷无情，也不是冷酷无情，而是他认为这些情感都是没有意义的、是多余的。所以不仅他妻子死了，他不哭，即便是他自己死了，他也不会哭。这只和哲学有关，这只和我们如何理解这个人有关。所以在庄子的世界中，人生的尽头是什么？只有无。天的尽头是什么？"天"字的一撇转个弯就是"无"。

所以林黛玉是很凄惨的——"天尽头，何处有香丘？"，她就是想不开。但是对庄子而言，天尽头是无，一个无字一了百了。我很喜欢庄子的《齐物论》，这是一本思辨生命的杰作，是一个关乎生命的思辨，是建立在思辨上的一个生命。庄子说："有始也者，有未始有始也者，有未始有夫未始有始也者；有有也者，有无也者，有未始有无也者，有未始有夫未始有无也者。"这是一个什么样的心理？这就是一个哲学的心理，他愿意刨根究底——有始也者，既然说有了开始，那在开始之前，就还有一个没开始的时候，有未始也者，那如果是未始也，那有夫未始也者。

不过什么叫"始"？在谈论这个字之前，我想先谈一下"认祖归宗"。比如现在很多人很喜欢讲国学这个中国传统的东西，很多人都很喜欢读，都是未始的，为什么会存在这个现象呢？因为我们需要了解自己是从什么地方来的，比如一些人的父母在他们很小的时候就过世了，而他们长大之后就总想知道自己的亲生父母是谁，这就是认祖归宗。那他想寻求什么呢？就是从哪里来的感觉。所以当我们相信有开始时，我们就在寻找一种确定性。毕竟对太多人来说，没有确定性是很难生存的。所以我们需要一个确定性，我们需要知道自己从哪里来，到哪里去。以我自己为例，我老家的祖坟是非常有秩序的，到我这里已经是第六代了。而我每次去看的时候，就会产生一种确定感，我知道我一定会到那个地方去的，所以就油然而生一种很踏实的归属感。

所以你要注意，一个正常的人总是不断地寻求着确定性。你为什么非要有一个工作的办公室？你为什么非得有一个婚姻？你为什么需要很多的东西？因为这些是确定的东西。所以一般来讲大部分的哲学不管它们之间是如何的不同，它们都是在给你确定性。

西方的哲学，追求那么多的本体，而不管这个本体是什么样子，可它带给你的确定性是一样的。但是有一天，有一个狂人尼采，他说上帝死了。你不知道他粉碎了多少人的梦想，他粉碎了多少人曾经留恋的确定感。他突然间就把我们扔到了一个世界，那个世界是一个不可靠的世界，需要自己拯救自己。庄子可能也真的就是要摧毁这种确定性，因为他的世界是变化无常。他进一步针对寻求"有"作为根基的人们提出："有"之前是什么？还是"有"吗？如果是"有"，那这个"有"之前又是什么？如果还是"有"，那这个"有"之前又是什么？总有一天会是"无"的，那"无"之前又是什么样？"未始有无"。

庄子就是这样摧毁了这个"有"的世界。从这点上来讲，庄子是冷酷的，他把我们魂牵梦绕的东西全部都毁灭了。但是我们仔细想想，庄子讲的有没有道理？庄子最后达到的最高的生命境界是什么？是无极。换句话说，当你把整个世界都毁灭的时候，难道你会指望自己把自己留下吗？不可能。神人无功，圣人无名，我们其实可以不必纠缠于功名，如果你纠缠了，你就不是庄子了，因为庄子一以贯之的就是这个"无"。

所以生命中最重要的是什么？无！那什么是无？就是扔掉全部。也因此，庄子是一个解构主义者，他真的解构了所有：他解构了人，解构了义，解构了礼，解构了智，解构了所有的道德和秩序，解构了这个世界曾经以为的那些最可靠的东西。当你看到《齐物论》时，当你读到类似文字时，只要你读懂了，你一定会产生一种差异感——方生方死，方死方生，方可方不可，方不可方可。当我们很多人在强调生和死的区别时，当孔子的学生问孔子什么是死时，孔子说"未知生，焉知死"，生死哪有那么清楚时，当学生问孔子某件事能不能做，孔子说这件事坚决不能做时，而庄子却说"方生方死，方死方生"。生是什么？生就是死。死是什么？死就是生。所以对庄子来说，向死而生太小儿科了！比如你今年四十四岁半，马上四十五岁了。那这是生还是死？这既是生，又是死。因为你多活一年也就意味着你会少活一年；你多吃了一口饭也就意味着少吃了一口饭。这就是庄子，看透了的庄子。我们所有人都在说甜言蜜语时，庄子说那是忽悠，甜言蜜语的后面是什么？是非常冷酷的、冷漠的东西，比如爱你一万年，那一万年的背后呢？"方可方不可，方不可方可"，什么叫可？什么叫不可？对还是错，是还是非，究竟是是还是非，谁又能分得清是非呢？

庄子是一个什么样的人？他是一个大处着眼、高处起义的人。庄子不从局部细节看这个世界，他从高处看这个世界，也就说在看这个世界之前他要先飞起来，要上九万里。但当我们真正到九万里高空看世界时，这个世界是什么？什么都不是。他看得见北京大学吗？看得见王博和各位同学吗？看不到，这就是大处着眼、高处的起义。他还有一点就是淡处所想。那庄子最后的生命变成什么样的生命呢？淡淡的。有人说什么叫淡？淡得不能再淡，淡处所想，没有任何想法，这就是淡，这就是庄子。为什么这么说？因为庄子首先从思想上把世界解构了、放下了，他这点和孟子不同，孟子的心里有仁义礼智等，而在庄子看来，最本质的心是虚，什么都没有。像我们同学心里面有很多的东西：要考托福，要考 GRE，要保研，要找朋友，要找工作，要挣钱等各种各样的东西。但庄子就会告诉你，这些东西都不是你能拥有的，你出生的时候它们都不在你身边，你死的时候它们在你的生命中也不会有任何的痕迹，你是虚的。

那么请各位注意，一个真正像庄子的人，他就把它放下了。庄子是一个什么样的人？我经常用八个字概括庄子：一个是化实为虚，一个叫举重若轻。生命中沉重的东西，到庄子这里，都变得轻飘飘的，像《阿甘正传》中飘拂的羽毛，很轻。他举重若轻，是非善恶、美丑大小、各种各样人们纠结的事到庄子这里就被解构了、消失了。所以庄子有一门独门的武功，既不是九阳真经，也不是九阴真经，那么是什么呢？是屠龙术。他解构了一切、毁灭了一切。庄子讲了一个故事，他说有一个人花了很多钱，又花了三年的时间，去学习一门技术，这门技术叫作屠龙术。三年之后他毕业了，拿到了PK的证件。然后有人跟他说，现在他可以跟龙去PK了。可是他发现他找不到对手，因为这个世界没有龙。如果你把故事仅仅看到这个地方，看到文字的尽头，那么你还是没有看进去。因为文字的尽头是思想的开头，一个人的思想如果仅仅停留在文字这里，那不叫思想，即使勉强称之为思想，那也是在牢笼中的思想，只能称之为"金丝雀的思想"。"文字的尽头是思想的开头"又是什么意思呢？庄子让我们注意一点，哪一点？尽管这个世界没有龙，但是我们经常会制造出一些龙来。孔子、老子不都是龙吗？唐宗宋祖、成吉思汗不也都是龙吗？可是庄子有一种技术叫屠龙术，他会把它"杀掉"。他让我们每个人都有机会明白这些龙其实都不是真龙，是假龙，而这个世界原本没有龙，所谓的龙都是人为制造出来的，需要被毁灭的。所以庄子就把龙给毁灭了，不止把龙毁灭了，把龙子龙孙也全都给灭了，这就是屠龙术。也因为只有他有屠龙术，他才可以化实为虚，他才会过一种轻飘飘的生活，而这种轻飘飘的生活就是逍遥游。什么叫遥？很远很远的一个地方，但是这个很远很远不是物理空间意义上的远，而是一种心情。即便你坐在教室里，也不妨碍你会在很远很远的地方。但是那个地方有没有好姑娘？庄子说有。但是当庄子说有的时候，他无非是吸引我们这些俗人们去那个地方，当你去的时候发现没有，就质问庄子说他骗人，庄子说她在前面，然后你再往里走，你还没有找到，庄子说她还在前面。就像喜剧《等待戈多》里讲"戈多今晚十点钟会来二教"，但十点钟戈多没有来；对不起，是明天十点；第二天还是没有，那就是后天十点……然后一直这样延续。

第二讲
考古学是什么

■ 赵辉

主讲人介绍：赵辉

北京大学教授，北大考古文博学院院长，兼任赛克勒考古与艺术博物馆馆长。主要从事中国新石器时代考古、田野考古学的教学和研究，在考古学文化、史前社会、田野考古学技术领域有专门的研究。先后主持教育部人文社会科学研究规划基金重大课题"聚落演变与早期文明"、科技部重点研究课题"中化文明探源过程之预研究·豫西晋南地区龙山至二里头时期考古学文化的谱系与分期"、中日合作"良渚文化植物考古学研究"等项目。发表研究论文、学术译文、田野考古报告40余篇部。

内容介绍：随着人们对精神文化追求层次的不断提高，考古学逐渐成为社会关注的重点之一。但考古学究竟是一门怎样的学问？作为一个学科，它的研究目的、研究对象、研究方法、它与其他学科的关系、它目前的发展状况和它对社会的贡献，这些问题并没有得到普遍的讲解。本讲座拟就这些问题向关心考古学的同学们进行说明。

今天给大家准备的题目是，考古学是什么。这是一个看起来非常简单的问题，但是最简单的问题往往也是最麻烦的问题。比如说什么是物质？什么是思维？那么厚的书写了不知道多少部，这个问题说明白了没有？当然这个问题也没有那么复杂，只是要把它说明白也不是太容易。我是做考古的，我觉得我有责任在各种各样的场合跟大家讲讲"考古学是什么"这个问题。考古学是个小学科，在北大五十几个院系里面，它的规模很小。从全国来看，它的从业人员规模、它的学科的整个规模其实也很小，但是它的知名度却越来越高。我们在各种各样的媒体上都能看到有关考古的报道或者专题片、节目等，这里面的内容有的对，也有很多是不对的。我们经常会把考古学这么一个严肃的学问和文物的收藏放在一起，有一些概念上的错误。比如说，搞古生物的同学一定知道，现在恐龙的发现、最早的鸟的发现等，说起来好像也都是考古学。其实完全不是这么回事。那么究竟考古学是什么？下面给大家讲一讲。

我给大家准备了这么几个问题。第一，既然考古学是研究历史的一门学问，那么，人为什么要关心自己的历史？第二，人是怎么研究历史的？它有两个途径。第三，考古学是怎么研究历史的？第四，考古学在人类整个的知识体系中的位置。希望通过这样四个小的问题，使大家对考古学有一个比较清楚的理解。

那么，说到人类为什么关心自己的历史，其实很简单，一个是人类总是有好奇心，对各种各样的事情有自己的好奇心，尤其对自己的历史当然就有更大的好奇心。那么从一个更理智一点的角度来讲，我们研究历史做什么呢？我想我们研究历史是为了理解现代社会，不是为了研究历史而研究历史。当然，对历史有兴趣也可以，一个人出于兴趣去研究历史，在研究历史里边获得快乐、获得满足。但是作为一个学科，它的任务是什么？它的任务应该是理解现在。我们现在说建设中国特色的社会主义，讲到中国特色，中国特色从哪来呢？这个特色是历史形成的。所以这样说，我们研究历史是为了理解现代，同样也就是在规划、谋划我们的发展和未来。这是历史学的一个根本任务。我用图1的照片来向大家说明一下我的这个观点。照片上的景物是我在意大利参观的一个博物馆，非常有意思。这大概是 18 世纪意大利的一个工厂，后边是个蒸汽机，前面是一个古罗马时代的雕塑。看这张照片，博物馆出于一种艺术的考虑，把过去和现代摆在一起了。那么我想它也恰恰说明了，我们这个学科，它是通过对过去的研究来理解现代的。

图 1　意大利的一个博物馆

人类研究历史有两个途径，一个是我们熟悉的，我们中学学的历史。它是凭着文献的史料来做历史研究的。我们说到的历史学，在一般的情况下指的就是这种文献的史料。史料的历史学，我们也可以把它叫作文献史学。下边要介绍的两位在历史学里边应该称得上是开山鼻祖吧，一位是中国的司马迁，西汉著名的历史学家，他写了《史记》。当然在他前面还有，比如说写《左传》的左丘明等。据说《春秋》是孔子作的，这是一种说法。司马迁写了中国第一部纪传体史书——《史记》，有 110 卷，印成现在的汉字也是非常厚的一摞。另一位是古希腊的历史学家希罗多德，他被认为是西方的史学之父。在很长的时间中，人们关心、研究自己的历史，主要是通过历史遗留下来的文献。但是历史的文献有很大的局限性，因为人类大约 99% 的历史是没有文字的历史。即便有了文字以后，文字记录的历史也只是历史的一部分，并不是历史的全部。比如说中国的历史，我们看到的二十四史，是连绵不断地记载下来的。这个可能是全世界范围里面，唯一一套没有间断的完整的历史记录。但是它主要记载的是什么呢？我们可以看到里边有宫廷的斗争，有战争，有制度，有各种各样的事件。但是老百姓的生活是怎么样的呢？在这部历史里边基本上没有。那么当时的经济情况、贸易情况等，这些国计民生的最基础的部分怎么样呢？这个在二十四史里边看不到太多。所以即便是有文字记载的历史，也不是完整的历史。在这种情况下，我们就不得不想另外的办法。所以我经常跟我们的同学开玩笑，我说考古学是一个没有办法的办法，就是我们研究历史的时候没有别的办法了，就发明了一个考古学。

考古学是通过过去的人们遗留下来的实物资料来做历史研究的，主要有两类。一类是搬不动的，留在原地了，我们把它叫作遗址；一类是可以从遗址里面拿出来，可以搬出来的，我们称之为遗物。此外考古学的研究还不仅限于这些东西，除了人工的遗迹、遗物之外，还有与人类活动相关的过去那些自然遗存，比如说动物、动物的骨骼，比如说遗址里边出土的植物，这个植物人是怎么利用的，做燃料还是做食物等都在研究范围之内。以及对当时的人的环境的研究。所以我们现在和城环系的老师走得非常近，我们专门有一个环境考古。城环系有莫多闻先生和以他为首的一批学者，再老一些的有夏正楷先生，夏正楷先生是著名考古学家夏鼐先生的公子，现在也是一个老先生了。他本来是研究地质的，研究来研究去，到了他五六十岁的时候，对我们这个环境考古感兴趣了，做了许多非常有意思的研究。比如说古代遗址里面所看到的自然灾害的情况，这个灾害怎么影响到人的活动了等。这就是说，考古学不光是研究人类的遗存，也研究与人类活动有关的自然遗存。考古学在研究这些东西的时候，显然在文献上面找不到现成的术语，找不到现成的概念，所以它就自己有一套术语、概念，这个我们下边还会再说到。

图2是古罗马的一个港口遗址。由于环境的变化，海平面的上升把它淹没了。现在又把它重新发掘出来。这是一个港口城市，有二层楼，里面有马赛克铺的地面，有广场、剧院，是那种半圆形的歌剧场，非常漂亮的一个遗址。

图 2　古罗马的港口遗址

图 3　夏代的遗物

图 3 是中国一个遗址里边出土的遗物，时代在夏代。我们刚才说到考古学可以研究有文字以前的历史，有人活动总会多多少少有一些遗留，因此就可以研究这个时期。我们知道中国最早的文字是甲骨文，甲骨文是商代中晚期以来的文字。在以前有零零星星的字串不成句子，所以你不好叫它甲骨文。到了夏这个时期也有非常少的零零星星的字，也没有文字的记载。我们老说夏商周，中国的朝代是从夏代开始的，大禹奠定了夏。实际上，夏严格来说还是一个传说中的时代。那么有了考古学，这个时期的东西我们至少知道了。在考古学家的眼里，这个时代是由这样一些东西来代表的。它有一些实实在在的东西，是一个实实在在的时代。考古学就像一个望远镜，它把 1%放大到 100%，把人的历史全摄入自己的视野。同样它也是一个显微镜，可以具体入微地去讨论一座房子里面的生活。这是在任何一个文献史学里面难得有的方法。所以考古学有这样的作用。

接着我们谈到考古学是怎么起源的，它不是从来就有的。人掌握了书写的能力以后，文献史学也就出来了。但是利用古人的遗迹、遗物来研究历史，这个时间也不短了，在中国，零零星星的记载在西汉就有了。比如说在汉武帝的时候，有一次某个地方不知道什么原因在地下挖出一个青铜的鼎。地方官员就把这个青铜的鼎当作一种祥瑞，献给了汉武帝。汉武帝为此还改了年号，叫作"圆鼎"。还有更早的记载，比如孔子。孔子不仅是一个博学的人，而且是一个很有思想的人。他也不仅是一个教育家，他对古代的典章、制度以及文物都有很深的了解。有一天有人拿着一个石头磨的弓箭的箭头，问他是什么。孔子就告诉他，到国库里面去找，库府里面有收藏。这个收藏是什么呢？是古代东北地区的一个民族进贡给周天子的。他就去找了，果然找到了一模一样的东西。可见过去就有这种利用古物来研究，或者了解历史的。但是这都是零零星星的，非常少。在中国真正通过古物研究历史并将其当作一门学问，是从宋代开始的。宋代是中国历史上文化、科技等都非常发达、非常辉煌的一个时期，宋代的一些知识分子注意到了过去的古物，发现可以通过对古物的研究来证经补史，就是证明这个经典正确与否来补充史料的不足。不光研究青铜器，还研究一些碑刻，比如说石鼓文。秦始皇巡守各地的时候刻了很多石鼓文，就是把文字刻在石头表面。当时他们就有这样的研究,把这些东西找来,把拓片拓下来,然后著书立说。"考古学"这个名字、"考古"这个词就是从这里来的。宋代的一个大学问家叫作吕大临,写了《考古图》这么一部书。这个吕大临很有意思,他可能算是中国考古的老祖宗了。几年前,在陕西的蓝田,考古人员发现了他家族的墓地。他兄弟几个,父辈,子辈,一个家族的墓地,完完整整地被发掘出来了。不过,在当时把考古学叫作什么呢?叫作金石学。

  金石学还不等同于现在的考古学,这个我们待会儿再说。在西方与金石学类似的有古物学,也是研究、鉴赏古代的遗迹、遗物,特别是14世纪文艺复兴以来。文艺复兴从政治上来说,是为新兴的资产阶级做舆论的准备,资产阶级要争取他的社会地位。那么从文化,从艺术上来说,它提倡了一种人文的精神。刚才我们第一张图片看到的古代希腊、罗马的人文精神,原来那么强,所以就引发了古物收藏研究,或者说寻找古物的一个热潮。从那时候起就有了古物学。但是请大家注意,这两门学问都是研究现成的流散下来的文物,它不是主动地、科学系统地寻找地下的遗迹、遗物,严格说在方法上面有着根本的缺陷,所以称不上我们现代意义上的考古学。一般认为,从西方算,考古学大概产生于1840年左右,为什么在这个时期有了?首先是再早一点的工业革命。工业革命带来了大规模的基本建设,使埋藏在地下的遗迹、遗物比较多地出现在世人面前,引起了人们的注意,这是一。其次,工业革命和科学技术的进步有一个集大成的成果。以我们熟知的进化论为例,我们知道,进化论首先是在生物学里面发展起来的,揭示的是生物怎么从简单到复杂的变化,然后我们又把它应用到其他的很多领域里,包括历史。对历史怎么看?历史也被认为是从简单到复杂变化的。那么对于历史的遗物怎么看?也是从简单到复杂变化的。它是这么来的。比如说我们考古学划分的时代,在这个时候就有人提出了,在人类历史上经历了三个大的时代,不是夏商周,不是周秦汉唐,不是这些王朝。它经历了什么时代?最初人的技术能力只能用现成的石头做工具,叫石器时代。接着人发明了青铜,先是红铜,然后从红铜变成合金变成青铜,这个就是青铜时代。再接着才发明了铁的冶炼,才有铁的冶铸,这是铁器时代。为什么铁器时代在青铜时代后边呢？因为铁的熔点比青铜的高，铁的冶炼过程中还有一个氧化的问题，所以它的技术复杂，发明的年代就要晚一些。进化论就是这样看待历史的，而从一个进化的观点来看待历史，才有可能从这个角度去整理历史的遗留。这样就给这种古物的研究提供了一个认识论的基础，一个理论基础。在这种情况下人们依靠着认识论的理解，再到田野里边，到野外去做考古工作。按照从早到晚的顺序来做考古发掘。埋藏得越深的大家知道这个年代肯定是越早，越上边的越晚，它有一个年代学的认识。这样得到的资料是在一个年代里边，是一个系统的资料，如此才能比较准确地去研究历史。这个时间大概就是在1840年左右，学术界公认这个时候西方出现了考古学。

中国考古学的产生晚了一点，我们现在认为是在1921年，是以一个瑞典的地质学家和考古学家安特生主持发掘河南渑池仰韶村遗址为标志的。安特生当时受聘于北洋政府地质矿产部，作为一个顾问来帮助当时的中国政府找矿。考古学的发展在1840年首先是从北欧开始的。安特生作为一个北欧人，他对考古有比较深的了解，他本行不是做考古的，就是对这个有兴趣，他在中国各地找矿之余，发现了这么一个遗址，做了发掘。其实在安特生之前，在19世纪末期，也有很多外国人在中国做考古。有的是比较严肃的学者，正儿八经地在考古，也有的是在这偷偷摸摸地弄点东西回去，这个我们评价不高，如斯坦因就是坑蒙拐骗地弄走了一批敦煌的古物。但外国人评价得很高，因为他们把中国古代的文物弄回去了以后，介绍给西方了。此外还有其他的一些所谓的各种各样的探险活动，我们为什么拿安特生作为一个标志，不拿其他人的考古作为中国考古的开始？这里我就想给大家介绍一下当时的背景。在1921年之前，或者是19世纪末期，中国社会大概沦落到最底层了，是最腐败、最黑暗、最底层、最被人欺负的一个时候。在这个背景下，西学东渐的一些先进的知识分子开始到外国去寻求新的知识，这是一个大的背景。戊戌变法失败了，百日维新失败了。但这些东西积累下来以后，到了1918年，"新文化运动"和"五四运动"出现了。

"新文化运动"和"五四运动"提出了"打倒孔家店"，要打倒中国传统的学术，要重新来过。那么在大的西学东渐的背景下，一些先进的知识分子接受了西方先进的科学技术、方法、思想，再把传统的东西重新整理，这里边就有一个非常著名的学派，叫作古史辩派或遗古派。以顾颉刚先生为代表，他就发现我们很多的古史，大家信以为真的这样一个古史体系，特别是上古史实际上是靠不住的。为什么靠不住？他就翻检整理了所有的文献，发现年代越早的文献，记载更早的那个传说的时候可能就是个只言片语，语焉不详，说得模模糊糊的。比如说大禹，就是有那么个人，其他就没有了。到了越晚的文献里面，比如说汉代的文献里对大禹的记载，就丰满多了，各种事迹说得活灵活现。结果他就发现这个历史是古人不断引申、附会添加进去的历史，而不是原本的面貌。那好了，这个古史辩派或者遗古派这么整理一下，中国人过去认为自己的历史，这个体系一下子崩溃了。这是古史辩派的贡献，是一个非常大的贡献。虽然他有了这个贡献，但再重建一部中国上古史的体系的时候没办法了，没资料了。以前的资料全被他否定了，他也没有新的办法了。他的办法是否定那些资料的办法，而不是建设的办法。在这个大背景下，安特生恰好做了这个仰韶遗址的发掘。他根据这个遗址的发掘，提出了仰韶文化的命名。而且他根据发掘的这些实物的资料，比如说这里边有很多的陶器、石器，唯独没有金属工具。所以他说这个是中国的远古文化，属于中国的新石器时代。他又看到遗物里边有鼎，鼎是中国的一个传统的器物，在全世界的范围很少有这种三条腿带耳朵的东西，仰韶文化就有。还有其他一些东西，比如说有一种石刀，长方形，上边穿一个眼，下边一个平的刃。这个刀是干吗的呢？在河南当地的农村里面有铁刀叫作"炙"或者"爪镰"。它是放在手上，拿一个绳勒上，作为农业收割的工具。仰韶这个遗址里边就有，一直到后来还有。所以他认为这是中国的远古文化。中国文化不是说被否定掉了就找不到了，这儿有。

这样一来，在中国学术界走投无路、非常困窘的时候，通过安特生这个工作的示范，中国学术界接受了考古学这个已经在西方发展起来的学科。北京大学1922年就成立了考古学研究室，这是中国第一个正式的考古学的研究机构。我们是北大人啊，我们应该自豪这一点。我们有著名的古文字学家董作宾、胡适，马衡也是著名的金石学家，在新中国刚成立的时候，成为故宫博物院第一任院长。赵元任是语言学家,他的物理学的硕士论文得到了非常高的评价。他对历史、对语言、对艺术都有研究,是个奇人。老北大、老教务长徐旭生先生也是非常有名的读古书的。他写过很重要的著作。这么一批人,在北大当时的国学门下成立了考古学研究室。再以后,1928年中央研究院成立历史语言研究所,下边设了一个考古组。傅斯年对中国现代史学的贡献非常大。在他的主持下,聘请了当时从美国学人类学回来的李济作为考古组的组长,接着就主持了对安阳殷墟的发掘。这是中国机构和中国学者第一次大规模组织的田野考古工作。殷墟地处河南的安阳,这个地方过去就有些说法,说这是殷墟。到了19世纪90年代的时候,在北京、天津这些地方发现了一些甲骨文。大家后来找来找去,发现是龟甲上面有字。龟甲作为龙骨是一味中药,在这个中药材上边发现了字,大家找来找去就知道是在安阳这个地方出土的。接着,考古组就在这做了一个长达15次的发掘,图4是大墓发掘现场图,遗憾的是这在历史上都被盗了。我们现在盗墓猖獗是有传统的,很多大墓在历史上基本上就空了。这就开始了中国考古学领域中国学者自己做的田野考古工作。

图4 殷王大墓发掘现场图

考古学在中国、在中国的学术传统里，在中国的学术土壤里，一开始就是研究历史的，是放在历史学里边的。在西方不一定是这样的，比如说在美国就不把考古学作为历史学。它研究谁的历史呢？当然考古学也是研究历史的，但是它研究的对象在现代美国人眼里完全是一个客体，印第安人嘛，跟自己没关系，这个和在中国是不太一样的。在中国这个土壤里边，我们是研究自己的过去的，我们和自己的过去是有血缘关系的、有血缘感情的。他们不是这样，所以他们把考古放在人类学里边了。还有一点，把考古学放在人类学里面的原因：人类学是比较各地的人的文化、习俗、社会等，人类学的发生、发展是和西方的殖民主义这个背景有关系的。它为什么要去做不同社会的比较？它是有西方的这个殖民主义作为背景的。中国学术里边，无论是考古学也好，历史学也好，中国的文学也好，凡是涉及人文学科的，我们没有殖民主义的背景，这是中国学术的一个特点。搞文科的同学，千万以后要体会到这一点。如果我们缺乏一个全球的眼光，缺少一个全球的看问题的角度，我们要吃亏的，大家请注意啊。

进而我们看考古学是怎么研究历史的。说它是研究历史的，那是怎么研究历史的？首先考古学要通过它的田野考古活动来发现和发掘古代的遗迹、遗物。我们可以通过飞行器，通过可见光谱，也可以通过电磁波、雷达什么的，或者红外这种不可见的光谱去发现地下的遗址。还可以潜水，寻找古代的沉船，还可以用各种电磁学方法在地面上考察，来发现下面是否有古代的埋藏。这些法子啊，我们都有，但是这法子在我们这儿不是太好使。不是太好使是因为中国的传统是土木建筑，你烧个土坯，它慢慢又还原成土了，木头腐朽了也还原成土了。而西方的遗址都是石头的建筑，无论是磁还是电来探石头都很清楚，而我们要在一大堆乱七八糟的弱信号里边，识别出一个有效的信号，然后再把它复原成下边可能有什么东西，这太难了。刚才说到探源工程，探源工程就有一个项目，想做这么一个考古实验。人造一个遗址，在这个遗址上，我们用各种方法去探，去试各种方法，看看能不能通过我们现在的技术找出来，这是后话。更要紧的还是考古学家自己到现场去发现它，去证实它的存在，然后通过一定的规则、制度、程序来做发掘。

图 5　仰韶文化遗址

图 5 是仰韶文化的一个村落的一个部分，这个村落外围有一道壕沟把它围起来，这个大家知道，是公元前三千多年的东西，距今五千多年，有这样大的一条壕沟。这条路还就是当时出入这个村落的路，在上面人长期踩的土和已挖出来的土是不一样的。考古学家是通过田野活动、田野工作来获得资料的。

光获得了资料还不行，考古学最大的麻烦就是，这个资料是没有文字的，它不会直接告诉你是什么，不会很直白地像我们看一篇历史文献那样，事实一清二楚，那么考古学家就必须有自己的一些方法。考古学研究历史，它研究的这个范围，大概从人产生以来，一直到近现代，它的下限越来越大。如果我们有做新闻传媒的同学，有做文献史学的同学，有做刑事侦查的同学，都知道有这样六个 W 的问题。就是什么时间、什么地点、什么人、做了什么、怎么做的、为什么。我们要搞清楚一个问题要按这么一个顺序来问，才能把这个事捋清楚。史学是这样，考古学也是如此。考古学是怎么研究史料的？就是这些遗迹、遗物的时间的问题，考古学有自己的办法。一个遗址最下面的地方是最早形成的，这是一种堆积很结实的土，这是一种生活的堆积，看看都是草木灰啊什么的，大概是厨房里面扫出来的东西。上面又是很结实的土，又是草木灰，不管怎么样，越上面的越晚，越下面的越早。通过这样仔细地辨认，在发掘现场就可以得到一个相对的年代，谁早谁晚我知道。那么我们再看它出土的遗物，这些文物的形态每一件都不太一样。

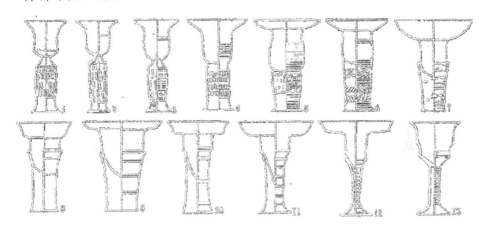

图 6　龙山文化出土的陶器

图 6 是山东龙山文化的一种陶器。山东龙山文化主要是在今天的山东地区以及周边地区，它的年代是在公元前 2500 年到前 2000 年左右，也是在夏王朝之前的一个地方文化。这种东西大小十四五厘米，是陶器，还不是瓷器。它是用黏土来烧的，瓷器是用瓷土来烧的，有釉，这个没有釉，是陶器。陶器的陶胎薄如蛋壳，叫蛋壳陶。这种漆黑锃亮的东西叫蛋壳陶高柄杯，上边是个杯子，有点像我们今天喝葡萄酒的高脚杯。这可能是中国制陶的最高成就。之所以这么说，是因为这么薄的一个陶器，它是怎么做出来的，这大有讲究。捏是捏不出来的，怎么把它烧出来呢？要把它放到窑里面，把这个土变成硬的陶，要用高温。窑里边的温度不是平均上升的，它有火焰的冲击、气流的冲击，如果烧红了就垮了。最神的是这么大一个杯子，大概不到一两重，五十克。就是用现在的玻璃恐怕也不止这个重量，很了不起。回过头来说，这是一种序列，年代的序列。自下而上是一种年代的序列。我们还想知道它的绝对年代，就是说它到底是公元前多少年的。这个想了好多办法，比如说如果出来块木头，我们数它的年轮。

然后我们在另外的遗址再数年轮，气候的变化不是平均的，有大小年，今年早一点，明年冷一点等。树木的生长速率就不一样，有宽有窄，我们就把这个排起来往前数。但是你没这么好的运气啊，你怎么能从过去的材料里边一直接到现在呢？就算你使劲地从龙山文化接过来了，龙山文化以前呢？你能接到哪去啊？所以这就有很大的局限性。还有其他各种各样的办法。考古学家着急，最后到1949年，美国人维拉德·弗兰克·利比发明了 ^{14}C 测年的办法。第二次世界大战以后，原子物理，或者核放射物理进入了应用。利用这种 ^{14}C 的碳同位素，^{14}C 的半衰期这样一个道理来测量它的绝对年代。这个道理大概就是，我们有生命的都是碳基的，地球上的生命都是碳基的生命，你身体里是有碳的，你的碳和外界的碳是有交换的，所以你这里面的 ^{14}C，在你活着的时候是一个衡量，一个常量，但是死了这个交换停止了，^{14}C 就开始衰变。衰变一半的时候大概是5730年，衰变一半，再减到四分之一的时候又过了这么多年。那么回过头来，我们测这个里面有多少个 ^{14}C 就能换算出它的绝对年代，日历年。这是美国的一个科学家发现的，他得了1960年的诺贝尔化学奖。

用这种相对年代和绝对年代的研究以及在各地做田野考古工作积累的材料，我们就可以得到一张年表。这张年表的某一个层面、某一个断面我们就可以标注在地图上，于是就为我们进一步的研究提供了一个时空的框架。别看这个问题这么简单，这是需要大量的工作积累下来的。所以中国考古学从1921年出现了以后，直到20世纪80年代我们才大致上拉出了这么一个表，表里边还有些地方很粗，还有很多空白，这个工作还远没完成。但是这也就是60多年的时间。要说起来的话，进步还是神速的。

刚才说什么时间、什么地点对文献史学是个大麻烦，对考古学则不是问题，考古学的材料反正都是挖出来的，那个地方跑不了。接着是什么人，对人的研究不论是有大的问题，还是有小的问题都可以做深入的探讨。那么现在最大的问题就是人的起源问题。人的起源问题随着古生物、古化石的研究大概可以上升到距今三百万年左右，起源于非洲，但是学术界有不同的说法。比方说在亚洲地区也有大概二百多万年的人骨化石。它是那么早就从非洲起源了以后扩散出来的，还是在不同的地区同时演化的？这就是个问题。接着早期的人类我们叫作直立人，就是能站着走路的人而已。但是这种人里边也有各种各样的分支，其中有一个就是现代人。据研究，他也是大约在距今十五万年前左右，又一次在非洲起源的，然后又走出非洲。这种研究主要是用现在生物学的 DNA 技术来讨论的，就是说考古学通过古代的遗物来进行。在探讨人的方面，这是最大的一个问题。比如说在中国，从新石器时代，到青铜时代，各地的人的体质特征是什么？这个就涉及民族的问题。大致上，中国古代的人类都属于蒙古人种，蒙古人种还有华南型、华北型等。那么具体到一个遗址里面出土的人，除了可以做刚才的这种研究以外，我们还可以看他的年龄、性别。我们可以从骨骼愈合的情况、牙齿磨损的情况来判断他的年龄。还可以算在一个遗址上男女的比例，他们的平均寿命，最高的寿命或者婴儿的死亡率等，可以做很多的研究。当然现在的自然科学技术还提供了很多分析方法，比如说看他的营养状况。位于社会不同层级的人物，营养状况是不是同样的？社会上层是不是真的吃肉吃得多，社会下层是不是就没有肉吃？还可以做这样的研究。

图 7　人类的遗骨

除了这些我们还可以在人类的遗骸上探讨一些文化行为，很明显图7是一个骨折愈合的情况，这就涉及古代疾病的治疗。还有很绝的，头骨上有一个窟窿，这个窟窿的边缘并不是很尖锐、很锋利，而是很圆滑的。这说明开了窟窿以后人还活了一段时间，头部有一个愈合的趋势。这就是开颅术，开颅术在现代医学里边也是非常让人头疼的事。但这在公元前四五千年就有了，而且不光中国有，玛雅文明也有发现，这是古人对疾病的治疗。

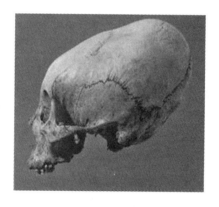

图8　变形的头骨

图8的头骨显然是变形的，不是正常的形状。这也是一种文化行为，把头骨变形，可能在古代的一些民族里面以此为美。比如说玛雅文明里就有这样的，中国新石器时代也有类似的情况。在婴儿的时候，拿布带缠一下，可能就会长成这个样子，像个冬瓜似的。

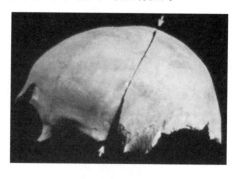

图9　被切割过的头骨

图 9 的头骨是被切割过的，这也是一种文化行为，切它干什么我们不知道。但是我们通过民族学的调查等，发现有很多目的，比方说头骨切开了以后反过来做杯子，以炫耀自己的战功。我们用现代的审美去考虑古人不好，在这上面大家应该有一点文化相对主义的观点，那时候就是美，孔武有力就有社会地位，所以他用头骨来做杯子。在有些宗教里面，有些高僧甘愿把自己的头骨献出来做成宗教的法器，我们看密宗里面就有很多。我们考古文博学院有一个赛克勒考古与艺术博物馆里边也有两个头骨，这两个头骨上边也是有痕迹的。据研究分析，这种痕迹可能是过去剥人的头皮的一种做法。剥他头皮做什么？过去的斯基泰人就有一种风俗，把敌人的头皮剥下来以后做成手绢。斯基泰也是一个游牧民族，非常崇尚这种行为的。还有很多文化行为可供我们探讨。

过去的人在做什么？这个就有点麻烦了，因为实际上这个就是我们在研究过去的社会了。研究社会，按照马克思主义的理解，或者按照历史唯物主义的理解，至少要研究生产力、生产关系组成的经济基础，然后还有与之相适应的上层建筑。上层建筑可以由各种政治的、法律的、制度的、军队、警察、监狱这些国家机器，还有精神文化，科学技术等组成，它是包罗万象的一个东西。这里边我们考古学也是可以分别做些研究的，比如说在技术方面在距今一万年以前的旧石器时代，人们虽然可以拿石头做工具，但是还不会磨它，就是把石头打打，打出一个合适的石头片片，拿起来就做工具了，叫作旧石器或者打制石器。这个领域的研究工作我们做很细致了，我们系里边就有老师在做这样的旧石器时代的遗址。拿着牙科医生的工具一点一点地剔出来，一个渣渣一个渣渣地拿回来，拼对。把石头片拼成一块石头块，然后来讨论人是怎么打制的。这个过程别小看，古人不是随便瞎打的。这里边甚至还可以复原出人的认知过程来，人是怎么教小孩子打的，小孩子、学徒是怎么打的，一个熟练的工人是怎么打的，不同时代还有不同的风格。拼到这一块了，中间那一块哪去了？还可以讨论，中间这块肯定是没在遗址上拿到别处去了。拿走是他自己拿走了，还是把它卖出去了，跟其他人交换东西了？你就可以讨论他的交流、交易等一系列的行为了。

图 10 良渚文化的木构

图 10 是良渚文化的一块木构,一个大的建筑的木构,这个也是公元前 3000 年左右的。那上面我们能看到一块一块的斧啊、锛啊,砍、砸的痕迹。关于这个有各种各样的说法、有各种各样的设计,哪一个设计对,实验考古把这种叫模拟实验。我们可以通过这些方法讨论过去人的技术,还可以讨论环境,比如说这是一个遗址,如果在旧石器时代,主要是采集狩猎,要走出去找,不是生产经济。外面有什么我获得什么,这个是攫取经济。这种经济受周围的资源限制比较大,那就要去研究他的生活。对现代的民族制的研究发现,他们至少要走比较长的路,大概多少呢?半径十公里的范围。那么好了,如果我在这发现一个遗址,我就要考察十公里的这一个圈圈里边到底有什么样的资源?过去的环境是什么样的?现在说不清楚的,我们想法子再去复原、研究。而超过十公里人就懒得走了,他宁愿搬个地方,因为再走就不划算了。

到了农业聚落,它的周围,比方说有没有河流,有没有山地、坡地,有没有平地、草场等,这些对农业生活的一群人来说就非常重要。而他的活动范围最大不过五公里。他要种地啊,每天走那么远去种地划不来,再远了他就搬出去了。他 90% 的活动是在半径一公里的范围内进行的,显然要在这样一个区域里边进行环境调查,这对我们复原古代人的生活非常重要。我们还可以讨论他的具体经济活动。我们可以利用遗址出土的农作物来研究。根据遗址出土的动物骨骼,看是不是人狩猎来的,什么季节狩猎来的，有多少，对食物的贡献率有多大。比如，通过鱼、野生坚果、水生的菱角等来复原他的经济活动，来讨论他的农业行为，或者讨论其他的技术，冶金的技术，制陶、制瓷的技术等，可以做这样的研究。进一步还可以做交易的、交流的研究，说起道理就简单了。比如说在一个地方我们测它的陶器胎土，这个黏土的成分是不是当地的？是不是和其他的地方一致？诸如此类的来讨论它的交流的问题，有很多的研究领域。我们还可以讨论它的社会，例如仰韶文化的，公元前4000年左右的一个村落，有围沟围起来，中间是广场，有几组房子，每组房子里面有一座大的房子可能是公共建筑。里边又有小型的房子，又在空间上分了五组，那代表着五个集体。这是五个什么集体？家族、氏族、部落，到底是什么？然后我们还可以进一步比较他们之间有没有贫富的分化，是不是平等的，它的经济生活内容是不是相同的等，从而复原古代社会的一个社区。

进而我们还可以讨论社会的更复杂一些的结构，比如说，我们北京大学前些年发现的山西岐山县的周公庙遗址显然是一个复杂社会了，搞文科的同学大概有印象。西周的周公嘛，除了文王、武王，他的地位是最高的。这里还有一座唐代的碑、有个庙，这个庙到现在还有，历代都在修。我们发现有墙，有最高等级的墓。有十字是一个墓葬，实际上它是几十米长的一个斜坡的墓道，挖下去，中间是墓室。这种十字是最高的王一级的墓葬形式，一般人不能用，用了要砍脑袋的。还有些中小型的。那这个社会的分层我们不用说就能看出来，实际上这种社会分层在中国的新石器时代晚期已经有了。

图11是在浙江的良渚文化的大墓中发现的陪葬品，这个墓规模不是太大。有棺，棺外边还有一层，人骨已经烂得差不多了，有大量的玉器，我们知道，玉不是随手就来的，比石头要难找得多，而实际上腐烂在里边的东西还有很多，比如说象牙器、桤木器，都非常漂亮的。上海博物馆的一个老技工，曾经复原了三件这个墓里面出土的漆器，和现在的漆器是一样的，红和黑的那种基本的颜色。在上面描的花，一层一层的涂漆，然后用米粒大小的玉粒镶嵌在里边成为图案。我们把它叫罗甸，非常漂亮的，遗憾的是这个功夫只有这位老先生会，但这位老先生故去了，我们就没办

法了，到现在就只有这三件。还有大量的丝绸，现在都只剩一些痕迹了。一座墓就有这么多的社会财富，占有大量的社会劳动。而这样高等级的墓，集中在一个专门的墓地里面，整个墓地就是人工堆筑起来的，一座山式的，如图12所示。

图 11　良渚文化的遗物

图 12　贵族墓地群

这可以讨论社会的分层化、复杂化，刚才不是说中华文明探源工程嘛，我们就是讲中华文明这个古代文明是什么时候开始的，到了什么时候成形的，主要的任务就是做这个事。还可以讨论其他的，比如说战争、暴力等行为。

图13　古代城墙遗址

图13是一座城墙，现在还保留在地面大概有十几米高。我们可以看到这是两层的房子，你可以看到它的高度。人为什么要修城？如果要防动物什么的，挖条沟就行，为什么要修这个东西？这就有好多问题在里面。在那个时代里，非正常死亡很多，甚至还可以看到，在做建筑的时候，要举行仪式。什么仪式？杀人，做奠基的一种仪式。人在这个时候已经不被尊重了，生命已经不被尊重了，这是一个什么社会，可以引发出好多的讨论来。

我们还可以进一步探讨许多社会制度的问题。我们马上要和英国伦敦大学联手在宝鸡办一个有关青铜器的会。青铜时代起源的问题，以及青铜器这种东西出现了以后对社会经济有什么作用，它的作用在不同地区是不一样的。比如说在中国，我们发现的青铜器很少有青铜工具，要么就是兵器，用来打仗的，要么就是礼器，主要是酒器，图14的酒器显然是上层贵族用的。贵族在不同的场合用什么东西，什么样等级的贵族用几件东西，在过去是有规定的，那叫礼制。这个礼制会表现在具体的器物上边。比如周代的礼器，周天子最高是九件，诸侯王是七件，卿大夫是五件，再下层的贵族是三件。这是有严格的规定的，到了春秋后期战国的时候礼乐崩坏，这个制度没人理了，就是社会的秩序发生变化了。

图14　古代的酒器

图 15　英国的巨石阵

我们也可以进一步讨论宗教、艺术、科学技术等，大家都知道，图 15 是英国的巨石阵，这实际上还是一个墓地。这个墓地上面有这么一组大的纪念性的建筑，这个建筑是否具有天文台的功能，还需再讨论。

而作为一个墓地，类似的在中国东北地区也有这样大面积地用石头块堆的建筑，有圆的，有方的，分好几层。最中央是一个最重要人物的墓葬。

图 16 是牛河梁遗址，地点在辽宁。非常奇怪，在这个方圆五十多平方公里的范围里面只有一个这样的遗址，而没有活人生活的遗址。它形成于公元前 4000 年到前 3000 年左右，年代这么早，非常奇怪，显然它是一个大区域的一个宗教中心。这又是个什么样的社会啊？这个会给我们很多的启发。

图 16　牛河梁遗址　　　　　图 17　良渚玉器

图 17 是良渚的玉器，上边有浮雕的图案。玉器上面的浮雕图案，当然是把周围磨下去了，它才浮出来的，它不会是贴上去的。玉的硬度大概不到 7 度，比玻璃低一点，拿石头把周围磨下去，让它浮现出来。这个图案大小比一元钱硬币还小一点。里边刻画的花纹非常细，在一个毫米的宽度里面有三四条这样的花纹。我们请教了一下制玉的工匠、技师，人家说这显然是微雕，眼睛是看不清楚的，就凭着感觉来雕刻的。在那个时代没有电动工具，没有合金工具，没有照明，怎么弄出来这种图案的现在还在争论之中。这代表了过去人的心智，是科学技术的一个方面，且不说它本身还有一些宗教的意义在里边，还赋予它一些社会功能。

图 18 襄汾陶寺遗址

图 18 是山西襄汾陶寺的遗址，城墙外边有一个半圆的建筑。半圆的建筑上边是一块一块的夯土，夯土中间有缝隙。当地主持的发掘者和部分研究者认为，这是一个观象台，而且可能跟尧有关系。因为它那出了一个刻画，上面有一个陶罐子上有一个红色的符号，跟后来的甲骨文的字差不多，大概就是"尧"这个字。说它是一个观象台，是因为在传说里边尧有一个很重要的任务就是敬天授时。一个农业民族要对历法有了解，你才知道什么时候播种，什么时候灌溉，什么时候收割，这是一个最根本的事。那么尧呢，按记载是他做了这件事。在这个遗址上又发现了这个天文台，有不同的意见，就是说考古学回过头来还可以做这样的一些研究。

通过这样的研究，我们力图把握、复原或者重建过去人的历史。实际上考古学的研究体系大概有三个层次。一个是资料和资料里面蕴含的历史信息。我们把获得资料和从中提取这个信息的手段叫作考古学的技术。一个单个的资料不足以说明任何问题,要把有相关性的资料以及它们包含的信息做一些系统化的处理。这就是考古学的方法,它有一个方法的层次。最后要对分析的结果做一个阐释,或者叫理论,大概是这么三个层次。实际上考古学的研究技术是自然科学的,考古学分在文科,考古学在本科的招生,也是文科招生,但实际上它运用的技术都是自然科学。我们最初的考古学,是从地质学的地层学来的,不是考古学自己的发明,它的技术完全都是自然科学的。但是考古学的研究是有一个人文的目的,研究历史的。根据人文的目的设计一下,把这些技术组织起来,形成一个研究套路,我们把它叫作方法,来达到我的目的。它是这么来运作,这么来从事研究的,有这样三个层次。当然我们可以从资料开始,也可以先假设一个问题,再回去找方法、找技术、找资料,来运作这个体系。

考古学的技术是自然科学的,几乎所有的前沿的现代科学技术都在考古学里面有运用,图 19 是我们学校自己的 ^{14}C 实验室,我们有加速器、有制样室。我们可以通过扫描电镜,通过电子显微镜来对物质的材料做观察。我们也可以做各种各样的化学的分析,对物质的材料做分析。比如把土壤做切片,是地质学的一些做法、矿物学的一些做法,也被用到考古学了。比如要判断一个地方是一个农田,还是一个建筑的地面,诸如此类,用切片的方法。生物学方面,分子生物学的最前沿的部分在考古学上都有非常广泛的应用前景。

从大的方面来说,人类知识体系,我个人以为有两大块,一个自然科学,一个社会科学。自然科学是以物质世界为对象来做研究的,社会科学是以人、社会为对象来做研究的。在这里面又分基础科学,还有应用科学。刚才强调了,考古学的基础是自然科学的,考古学的目的是人文科学的,就是说考古学虽然从理念上,从大类上归在人文科学里面,但是它具有非常鲜明的文理交叉的特征。而且考古学的发展和进步有赖于现代科学技术不断地从种种资料里边提取各种各样的信息,考古学对自然科学的依赖是非常强的,因此它是一个非常典型的交叉学科。那么在人文学科,即涉及考古学的目的这方面,它实际上和文献史学是重合的,它是文献史学发展到一定程度的一个更高级的产物。将来发展下去，人类的历史学一定是考古学和文献史学合成一体的，只是现在还合不到一块去。但是西方已经有这个苗头了。因为西方的历史是不完整的，文献库、资源不如我们丰富，他要把他的历史写完整，就要尽可能地利用考古学的成果。

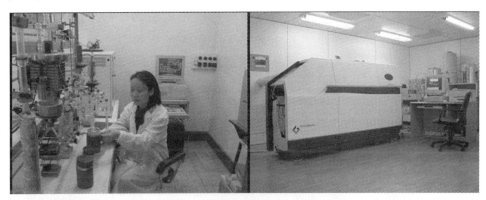

图 19　北大的 ^{14}C 实验室

我们现在这个需要还不是太大，但是总有一天，考古学和历史学会合起来变成一个大史学，从这个角度来说考古学是一个非常有前途的学科。尽管是个小学科，但是前途很大。如果各位对考古学有兴趣，推荐大家看两本书：剑桥出的《插图考古学史》和《当代学术入门考古学》，其中《当代学术入门考古学》是一个英国的学者写的，很浅白，涉及内容包括考古学研究什么，考古学是怎么去研究的，等等。如果大家对考古学兴趣更大一些，想用自己的专业做些考古学研究，要了解一些考古学研究的主要的理论、流派、技术、方法等，可以看这一本：*Archaeology*，这么三本书，推荐给大家。最后要说的就是考古学还是一个很有前途，很受重视的一个学科。

第三讲

太阳爆发、空间天气及其对人类活动的影响

■ 涂传诒

主讲人介绍：涂传诒

北京大学地球与空间科学学院教授，博士生导师。主要研究方向是日球层物理学。2001 年当选为中国科学院院士，2006 年当选为第三世界科学院院士。作为唯一获奖人，两次获得国家自然科学二等奖（1989 年和 2001 年），获得陈嘉庚科学奖（2006 年）。

内容介绍：太阳耀斑和日冕物质抛射等爆发现象，通常伴随着增强的电磁辐射、高能粒子和等离子体的发射。对这些爆发现象的研究，不仅促进了人们对等离子体的基本物理过程，如粒子加速过程和磁能释放过程的认识，而且形成了新兴的交叉学科，即"空间天气学"。空间天气学研究太阳爆发导致的近地空间环境剧烈变化的过程的机理，还研究这些变化过程影响人类高科技活动的机理。本讲给出了简单的介绍。

今天的报告，分为两个部分。第一部分，太阳和日地空间的物理过程。第二部分，太阳爆发导致的地球近地空间环境一系列的扰动现象及这些扰动对人类的高科技活动的影响。这第二部分内容通常称为"空间天气"。这个名词借用了日常用的"天气"这个词。天气是短期的现象，一般的三五天内，下雨、刮风叫天气，气候就是长期的，几十年时间尺度内变化的。我们讲的"空间天气"，是描述在三五天之内影响人类活动的由太阳爆发引起的近地空间发生的现象。

一、太阳大气层、日球层和地球磁层的基本概念

"**太阳大气层**"是通过光学仪器可探测到的太阳的外层。我们用肉眼看到的太阳是一个圆的发光面，它没有什么太吸引人的地方。可是从日全食的照片上，人们会看到环绕日食的亮环，而且看到有一些亮的结构。那是太阳大气的最外层——日冕。空间探测时代以来，飞船上的光学观测仪器，用不同的光学谱线，特别是从 100 Å（埃）一直到 1600 Å（埃）的极紫外线，对太阳圆面光学辐射进行直接观测，揭示了太阳大气中复杂的物理过程，使得人们对太阳大气的认识有了突破性进展。

"**日球层**"是太阳大气向外膨胀在银河系中占据的空间。太阳的大气跟地球大气不一样，地球大气是围绕在地球周围的，多数大气分子跑不出地球的引力范围。可是太阳的大气不断地向太阳外面膨胀。太阳的引力虽然能够吸引太阳系的几大行星，但是它却吸引不住太阳大气。因为太阳大气太热了，热压驱动其向外膨胀。如果地球大气的温度是绝对零度，那么地球大气的热压就是零，地球引力就把大气吸引到地球表面，使得人在站着的高度，就应该呼吸不到空气了。那为什么我们能呼吸到空气呢？因为

地球大气的热运动，使得大气有一定的厚度，其厚度是由地球大气的热压力与地球引力平衡来决定的，温度越高其厚度就越大。

观测表明，日冕温度达到百万K以上，从而产生很大的向外的热压力。向内的太阳引力吸引不住太阳大气。太阳大气从四面八方往外膨胀出去，其压力逐渐减小，直到银河系气体的压力最后阻止其膨胀。太阳大气向外膨胀的物质流，叫太阳风。太阳风由完全电离的等离子体组成，其成分主要是质子和电子，也有很少的重离子。太阳风在银河系中占据的空间，叫作日球层，它大致有100个天文单位的大小（一个日地的平均距离，就叫一个天文单位，约为1.496亿千米）。

"地球磁层"是地球磁场被太阳风压缩后所占据的空间。地球有内部固有磁场。人们过去认为，地球周围的磁场就像真空中偶极子磁场一样，一直伸展到无穷远。但是地球的外面的空间环境不是真空，是太阳风。地球是浸在太阳风中的。太阳风呈等离子体状态，有自由电子，因而是导电的。地球的磁场伸展不进导电的太阳风里面去。太阳风与地球磁场的相互作用可以用下面的简化模型来描述。把太阳风与地磁场的边界想象为一个垂直日地连线的导电的平面，假定该导电平面由太阳向地球磁偶极子运动，导电平面上会产生诱导电流。诱导电流又会产生磁场。这新产生的磁场与原来的地球偶极磁场的叠加，使得导电平面地球一侧的磁场加倍了，而导电平面太阳一侧的偶极磁场被抵消了。这一过程可以简单地表述为，导电平面压缩了地球磁场。太阳风把地球的磁场压缩在一个有限大小的空间里面。这个空间就叫作"地球磁层"。地球磁层有多大呢？向着太阳的方向的边界，距地心有十几个地球半径大。在背向太阳方向，磁层可以伸展到距地心100多个地球半径以外的空间。

二、太阳大气层的主要物理特性

太阳的能量来源。太阳向外释放的能量是由太阳核心的热核反应产生的。核心产生的能量通过辐射传输的方式向外传输。向外辐射的能量被外层大气吸收，被吸收以后再向外辐射，像是一种接力棒的形式，一直传输到接近我们用肉眼看到的太阳的发光层，即光球层。

光球层。人们看见太阳发光的一层就是光球层。光球层很薄，只有几百千米厚。它把内部传输来的能量辐射到空间中去。由于能量损失掉了，温度就降低了。光球的黑体辐射温度是 5800K。光球层内的气体温度向外急剧下降，温度梯度非常大，从而导致该区域大气产生对流，该层大气因而叫作对流层。对流是这样产生的。对流层底层的气体元接收太阳内部辐射出来的热量，温度升高而膨胀，由于受到太阳引力导致的浮力的作用而升到光球表面。接着，该气体元的热量通过辐射损失，温度下降，体积减小，密度增加，在太阳引力的作用下，再下降到对流层底层。这一过程持续下去，就形成对流。每个对流元都在光球表面形成一个尺度约 1000 千米大小的图案，中间亮，表明辐射强、温度高，由上升的热的气体元产生；周围暗，表明其黑体辐射强度弱，温度低，是下降的冷的气体元。这种对流元产生的亮暗结构叫作光球的米粒组织，见图 1 中光球黄色表面上画出的很多极小的结构。

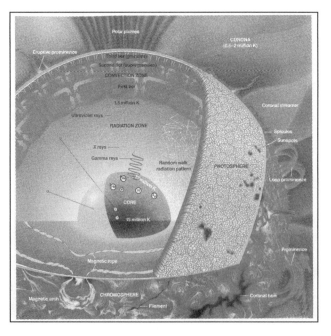

图 1　太阳概况

引自：http://www.vikdhillon.staff.shef.ac.uk/teaching/phy213/phy213_properties_intro.html

日冕。人们从观测到的日冕辐射线中检测出铁元素的 11 次电离的离子发出的一个辐射线,波长为 1242Å。由于铁原子要获得这样高的电离,需要其周围的电子温度达到 140 万 K,因而观测到高电离度离子的辐射线说明,日冕是百万 K 以上的高温等离子体。

人们在日食时看到的日冕的白光是当地的电子散射光球发出的白光。由于带电粒子围着磁力线旋转,带电的粒子沿着磁力线运动很容易,带电粒子垂直磁力线扩散很难。电子密度变化图案是沿?磁力线排列的,电子散射的强度正比于散射体的密度。看到的白光强度的变化反映了日冕密度的结构。由白光日冕看到,日冕极区有开放的结构,低纬区域有闭合的结构(见图 1 光球外面灰色图案)。这说明极区磁力线是开放的,低纬区域的磁力线是闭合的。

日冕磁场目前无法直接观测,要通过光球磁场外推。太阳光球的磁场用原子谱线在磁场中分裂的塞曼效应来测量。因为电子在磁场中自旋有两个方向,原子能级在磁场里会分裂成为两个,从而使该能级跃迁产生的谱线分裂为两个。分裂的宽度越大,表明谱线源区磁场的强度就越强。图 2 是光球磁场的观测结果,黑色和白色表示不同极性的磁场,灰色表示磁场强度很小。

从图 2 可以看到,在中纬区域,黑色磁元和白色磁元相间分布,表明太阳的磁场极性和强度不是均匀分布的。太阳磁场分布与地球磁场分布是不一样的。地球磁场强度分布基本上是连续的。由图中还看到,在太阳北极附近的磁元都是一个个黑点,在南极附近,磁元又都是白点。这说明磁场的极性在同一半球高纬区是不

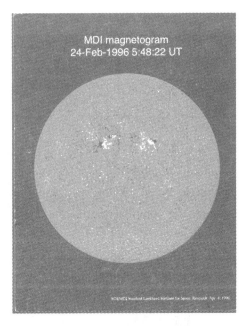

图 2 光球的磁场

引自:http://soi.stanford.edu/(网站上并没有当天的 Gif 图,但是还是可以从网站下载数据绘制)

变的，也就是说，不同的磁元在同一半球极区有同一的极性。太阳南北两极的磁场极性相反，平均 11 年倒转一次。光球极区磁场的单极性导致由极区发出的磁力线具有开放的结构，这解释了日全食期间看到的极区日冕发出的发散的亮暗结构。

日冕磁场的直接测量方法还不成熟，日冕磁场的描述主要基于把光球磁场外推，把测量到的光球的磁场分布作为内边界条件，在一定的假设下，求解电动力学的方程，可得到日冕的磁场分布。外推的磁场表明，由太阳南北两个极区发出的磁力线是开放的，中低纬区域发出的磁力线多数是闭合的。这开放磁力线的区域叫冕洞，其在太阳 X 射线像上是黑色的，表明其辐射强度极低。

太阳风就是从冕洞区域发出的。太阳大气因为热压力大而向外膨胀，可是它不是从太阳球对称地均匀地向外膨胀的。在闭合磁力线区域，磁力线把导电的太阳大气拉住了。虽然温度高，太阳大气也不能横截磁力线膨胀出去。可是在磁力线开放的区域，导电物质是可以沿着磁力线跑出去的。图 3 说明太阳风初始的外流是在光球以上 2 万多千米的高度形成的。

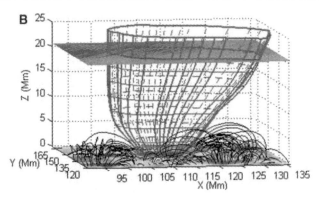

图 3

太阳风初始外流形成于冕洞区开放磁漏斗 2 万多千米高度
（引自：Tu et al. *SCIENCE*,vol. 308,2005, pp.519-523）

三、日球层的主要物理特性

日球层就是太阳风持续向外膨胀的区域。在 19 世纪 50 年代，德国科学家比尔曼（Biermann）就通过对彗星的观测推论有太阳风的存在。彗星有两个彗尾，一个是尘埃彗尾，另一个是等离子体彗尾（见图4）。等离子体彗尾比较细长，而且颜色有点发蓝。通常，在地面上，沿等离子体彗尾伸展的反方向看去，就看到太阳落山的地方。太阳永远是在等离子体彗尾反向延长的方向上。为了解释等离子体彗尾的形成，比尔曼假设太阳向外辐射连续的等离子体流。彗星所在位置的等离子体流的方向就是等离子体彗尾的方向。认为等离子体彗尾是被太阳发出的等离子体流携带而形成的。空间探测表明，这一假设的等离子体流被证实确实存在，就是我们前面讲的太阳风。

图4　等离子体彗尾

引自：Daniel N. Baker, Presentation of "Impact of Space Weather on Human Technology", Page 22. http://lasp.colorado.edu/home/wp-content/uploads/2011/07/Media_Baker__2009.pdf

图5是飞船（Ulysess）对太阳风直接观测的结果。这个飞船从地球发出后，先在黄道面内运动到木星，然后利用木星的引力变轨到在日球层子午面内运动到2个天文单位的绕日轨道上，用来测量太阳风在日球层的高纬的特性。日球层坐标是以太阳为中心，以太阳自转北的方向为极轴，建立的坐标系。

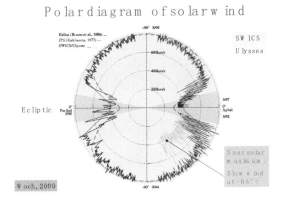

图 5　太阳风

引自：Eckart Marsch, Presentation of "The heliosphere, structure and dynamics", Page 21.
www.solar-system-school.de/lectures/marsch/4.ppt

由图 5 看到，高纬的太阳风都是高速的。当纬度高于 30 度时，太阳风的速度达到 800 千米/秒至 900 千米/秒。只有在低纬 30 度以内，飞船才观测到 400 千米左右的低速的太阳风。图中显示的南日球高纬的太阳风，是从太阳日冕的南极区域发出去的，北边高纬测到的太阳风是从太阳日冕北边区域发出去的。南北高纬测量到的太阳风的太阳原区之间相差一个太阳直径。南北高纬飞船实地观测位置之间的距离相差 4 个天文单位。我们看到，虽然南北高纬太阳风的源区和观测位置都相距很大的距离，观测到的太阳风的速度的数值却非常接近，都是在 800 千米/秒左右。空间物理的观测数据很少有这样的一致性。目前，人们不清楚太阳风怎么会加速到这样高的速度，这是正在研究的前沿课题。

四、地球的磁层的物理特性

前面我们说地球磁层是被太阳风压缩的地球磁场占据的空间。可是地球磁层内部不仅仅是磁场。磁层内部还充满等离子体，等离子在磁场中运动又产生电场并导致能量输运。能量怎么从太阳风输运到磁层里面来的？这些能量又怎么在磁层里面传输？这些能量最后又怎么耗散的？这一系列的问题，是磁层物理要研究的课题。图 6 是一个显示日地关系的示意图。左边是太阳，中间是太阳风，右边是磁层。我们看到磁层的内部结构是相当复杂的。

图 6　太阳所发出的太阳风与磁场示意图图片

引自：http://sec.gsfc.nasa.gov/

极光是人们在地面上能看到的磁层活动导致的现象。过去人们不知道极光是怎样产生的，认为极光是天上的神仙开宴会时点的蜡烛发的光。在欧洲探险寻找宝藏的年代，人们误认为天空中显示黄色的极光是金矿的征兆，曾组织探险队向着极光的方向寻找金矿，找不到，就组织船队到海洋上去找，有的船队到格陵兰那些很冷地方去找，最后的结果都很悲惨。我们现在知道，极光是由高纬区约 100 千米—350 千米高的大气中的氧原子和氮原子受到在磁层中被加速的高能粒子碰撞而处于激发态，然后跃迁回初始态而产生的辐射。太阳风的粒子通过边界层进入磁层后，在磁尾受到加速，比如通过磁重联过程加速，后又沿着磁力线运动到极区上层大气，与高层大气分子碰撞使其激发发光，就形成极光。

从科普的角度说，人们要在地面上感受磁层的活动和太阳风粒子在地球大气层的沉降就看极光；要在地面感受到太阳风的存在就看彗星的等离子彗尾；要感受太阳大气和太阳风的起源就看日全食外面的白色亮环。

五、空间天气

空间天气是太阳爆发引起的人类空间环境扰动的现象。太阳爆发主要包括太阳耀斑和日冕物质抛射。太阳耀斑的特征是，在 Hα 线的观测图像中看到有增亮的区域，持续十几分钟。通常看到两个平行的亮带，其下面光球磁场极性相反。在相反磁场极性的两个亮带之间看到磁圈。耀斑伴随着有多波段的辐射。太阳耀斑主要发生在光球以上两三千千米的高度的色球区域。除了耀斑以外，日冕的物质经常会向外抛射出去。通常一天看到两三次物质抛射事件。图 7 给出了耀斑、物质抛射过程的整体图像。物质抛射事件的光学图像通常由三部分结构组成，亮核、暗腔和亮环组成。日珥是物质抛射结构的亮核，日珥外面是暗腔，再外面是等离子体的堆积，形成亮环，亮环外面是向外抛射的物质激发的激波。通常，耀斑与物质抛射伴随发生。耀斑发生在日珥内侧，磁重联使磁能释放，粒子受到加速，向下运动使色球氢原子激发发光，形成双带形状的增亮区域。现在认为耀斑爆发和物质抛射在物理过程上是相互联系的，是同一个过程在不同的区域的表现。日冕物质抛射是日球层内尺度非常大的现象。这些抛射出去的物质在达到地球附近时会导致地球磁层的扰动，严重响影空间环境。

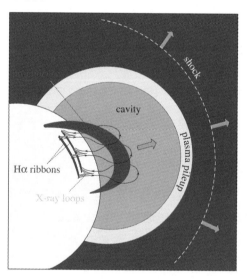

图 7

引自：Forbes,T.G., A Review on the Genesis of CMEs, JGR,2000,105(A10):23153

图 8 是戴维斯（Davies. K）于 1965 年发表的描述太阳爆发引起地球物理现象的示意图。该图已经成为经典。最新发表的一些科学报告中，用来说明太阳爆发的地球物理效应的原理图基本上就是这个图的翻版。只要把图中"耀斑"改为"太阳爆发"，该图就基本仍然能用。太阳爆发时，太阳增强的辐射有三种成分：第一种就是电磁辐射，包括 X 射线、紫外线等各种波段，第二种就是高能粒子的辐射，第三种就是等离子体物质抛射。

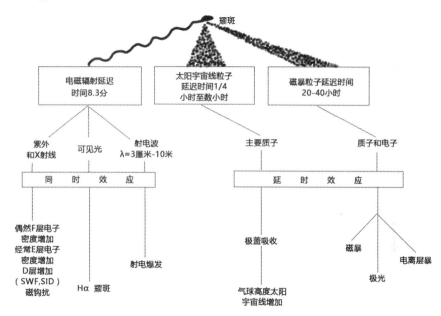

图 8　太阳耀斑引起的地球物理现象

引自：Davies，1965

Davies. K, 1965, *Ionospheric Radio Propagation*, p. 30, National Burcau of Atandards Monograph, Washington D.C. 中文翻译图引自涂传诒等编写《日地空间物理学》，科学出版社 1988 年出版。

电磁辐射主要影响地球电离层的特性。地球大气吸收了太阳爆发时增强的紫外辐射，电离层的电离度就增加了，从而使电离层对电波的吸收增加，使通过电离层传输的电波强度减弱，甚至导致通信中断。电离层的变化还会使电波的折射增加，从而使定位精度变差。

太阳高能质子和电子在地球极区大气的沉降，会导致极区的电离层电离增加，导致对电波的吸收增加。增强的太阳高能质子和电子通量也会使得飞船舱外宇航员或者是飞船太阳能电池板受到增加的辐射剂量的照射。进入卫星舱内的高能粒子还会影响舱内高科技器件的性能，使卫星器件失效。太阳爆发时辐射的高能粒子还会使卫星器件失效。随着高科技的发展，电子器件做得越来越小，高能粒子的影响就越来越大。

日冕物质抛射出的等离子体云，经过20小时到40小时的运行，到达地球磁层，产生磁暴、极光。磁暴期间，地球热层大气受热上升，在其中运动的卫星受到的阻力增加，导致卫星飞行高度降低，使卫星飞行寿命减少。磁暴期间在磁层内加速的高能粒子也可对空间飞行器产生影响。

统计来说，从1993年到2007年卫星失效的事件数分布来看，2003年事件最多。这一年是太阳活动的高发年，太阳黑子数最多。这表明，卫星失效的事件数和太阳活动是有关联的。太阳爆发导致的空间天气灾害确实是导致卫星失效的因素。上述所有太阳爆发导致的扰动可统称空间爆。

六、空间天气的社会影响

空间天气灾害中最轰动的一件事，发生在1989年。一个加拿大的电站突然被烧毁了，导致加拿大北部的一些大城市的供电中断了。电站怎么会烧毁的呢？后来发现，磁暴时地面磁场变化会在长途输电电缆内诱导出被很强的感生电流。该电站是被这种感生电流烧毁的。这事件发生以后，"空间天气"灾害就成为社会关心的事情了。

图9显示了空间天气灾害对人类活动影响越来越大的变化趋势。图中纵向一行一行的名词表明受空间天气影响的人类的各种活动行业的名称，横轴是时间，从1940年到2000年，最下一行标示出太阳黑子数的变化曲线，11年一个周期。

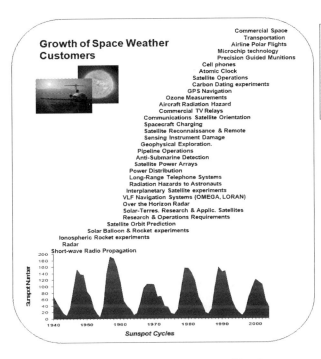

图 9

引自：Daniel N. Baker, Presentation of "Impact of Space Weather on Human Technology", Page 37

http://lasp.colorado.edu/home/wp-content/uploads/2011/07/Media_Baker__2009.pdf

由图 9 看到，在 1940 年，空间天气影响人类社会的活动只是短波通信。在这以后，受空间天气影响的人类活动部门越来越多。这说明，随着科技的发展，越来越多的人类活动会受到空间天气的影响。空间天气灾害是一个新型的灾害。过去没有，有了高科技以后，人类活动的范围越来越大，因此受到空间天气的影响就越来越多。

七、空间天气预报

空间天气预报是人类高科技活动所需要的服务事业。空间天气预报和现报可以帮助人们采取补救措施减小空间天气灾害导致的损失。例如，大耀斑发生后，通常，北京到中国驻各国的大使馆的短波通信就会中断，有的时候会中断很长时间。如果不知道是耀斑引起的中断，就会认为是通信设备坏了。所以，相关的预报和现报都很重要。这同刮风下雨不一样。我告诉你现在下雨了，你说何必呢，现在都看见了，还用你告诉我。但是通信不一样，你得告诉对方现在通信中断是由于耀斑的影响，这样他就不去检查他的通信设备了，改为考虑改变通信频道和通信模式。电离层状态的预报和现报，还可支持实时计算卫星定位的修正。

图 10 是由香港经北京到华盛顿飞机航线图。航线通常要通过极区。因为过极区航线航程短，省油。但是在日地空间暴的情况下，极区的粒子辐射强度会增强，航空公司要根据空间天气预报来确定是不是要临时改变航线，避免飞机飞过极区使乘客接受过量辐射。

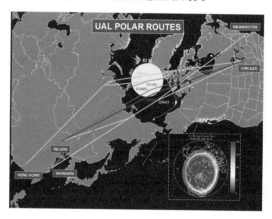

图 10

引自：Daniel N. Baker, Presentation of "Impact of Space Weather on Human Technology", Page 22.
http://lasp.colorado.edu/home/wp-content/uploads/2011/07/Media_Baker__2009.pdf

预报太阳耀斑发出的高能粒子的达到时刻，可使舱外宇航员及时回舱。空间站的宇航员可提前停止工作躲到厚壁舱里面去。等粒子通量增强过了以后，宇航员再出厚壁舱。

历史上最大的一次空间暴发生在 1859 年。这次空间暴的强度比当今观测到的最大的空间暴的强度都要大三四倍还多。在那次空间暴期间，在纬度为 20 度的低纬区域就能看到极光了，例如在广州、上海就能看到极光。这是非常大的一次空间暴的活动。那时，人类社会的高科技活动不多，因此它对人类的影响是有限的。但是如果现在要真来一次这么强大的空间暴的话，就会影响很大，因为现在人类的高技术的活动多了。从 1859 年直到现在已经 150 多年了，再没有发生过这么大的空间暴了。但它不可能以后就永远不来，很可能又要来的。距离第一次的时间越长，发生第二次的可能性就越大。社会要提高警惕。①

---

① 本文是依据报告录音文本整理改写的。由于删去大部分图片，报告内容删去很多。空间专业本科生吴红红参加了初始录音文本的整理工作。

第四讲

植物和人类——植物科学的今天和明天

■ 许智宏

主讲人介绍：许智宏

中国科学院院士、第三世界科学院院士，北京大学生命科学学院教授、中国科学院上海植物生理生态研究所研究员。曾任北京大学校长、中国科学院副院长、中国细胞生物学会理事长，中国植物学会副理事长，中国生物工程学会副理事长、国际植物组织培养和生物技术协会主席。现任联合国教科文组织人与生物圈中国国家委员会主席、中国植物生理学和植物分子生物学会理事长。许智宏院士研究领域为植物发育生物学、植物组织和细胞培养、植物生物工程，已经发表论文、综述、专著共200多篇（册），代表作有《植物基因工程》《植物生物技术》等，获得中国科学院自然科学一等奖、国家自然科学三等奖、国家级有突出贡献的中青年专家等奖励，以及英国诺丁汉大学、加拿大麦吉尔大学等多个著名大学的名誉博士。

内容介绍：植物及其多样性为人类生存提供了基本的物质基础，丰富了人类的生活。当前全球面临的很多重要的问题，包括粮食安全、食品结构和营养、人类健康和新药开发、新能源开发和利用、环境保护等，都与植物有关。随着在分子和细胞水平上对植物生长发育和形态建成、光合作用、生物固氮、代谢和养分利用、植物抗病虫害和抗逆境等过程及其调控的深入了解，根据人类的需求定向进行"植物设计"（crop design）将成为现实。面对全球气候变化、农业可持续发展、能源和环境方面的问题，植物科学家应与农学家、生态学家和环境专家共同应对，为发展低碳农业、开发新型能源植物和工业原料、提供健康食品、开发药物、合理利用土地和水资源，以及改善环境等方面的问题提供思路和新的技术，为地球和人类的可持续发展做出贡献。

有机会来给我们的研究生做个演讲。我在想讲什么，因为是讲给研究生听，但是如果讲我在生科院讲过的生命科学知识，讲得太深大家就没有兴趣会打瞌睡了，如果我讲别的更多的可能会带有学术性，想来想去，我觉得还是讲植物认知论比较合适，因为这个问题我也比较熟悉，自己的背景也是搞植物生理的。我希望这个讲座是比较轻松的，虽然我里面讲了很多很严肃的问题，但是希望在轻松的沟通中使大家能够了解，植物跟我们人类是什么样的关系。里面也许涉及很多科学，今天植物科学给我们带来的，或者明天我们将面临这些新问题时，植物学家怎么来解决这些问题。

我想大自然的植物是形形色色的，大家走在校园里面就可以看到。秋天景色非常漂亮，自然界的植物是形形色色的，像大树、草、高等的、低等的都有。再看看我们平常看到植物的叶子，我们吃的菜或者是看到的树，都有非常多的很漂亮的观赏性的叶子，有颜色的，我们看红叶，实际上红叶也不止一种，很多叶子到秋天都会变红。科学家也研究了很多一年四季都红的树叶，比如说枫树有很多品种一年四季叶子都是红的。我后来也讲，叶子最大的功能是光合作用，它把我们地球上的太阳能转化成化学能，这个是地球上最大的化学反应。

植物，大家都知道它有一个茎。树干是茎，植物的茎也是形形色色的，有的像菩萨的肚子，有的茎上面长满了刺，那个刺硬极了，也不知道为什么长刺，是怕猴子爬上去？反正很奇怪。有的茎变得肉质化了，像仙人掌，它已经没有叶子了，但是它的茎替代了叶子的功能，它的茎干会变得很绿很绿，还有更多的、像胡须一样的也是植物的茎。实际上植物的茎也是形形色色的，不是我们看到的一种类型，还有各种各样的形状。

植物的根吸收养料和水分，但是实际上植物的根也是形形色色的。比如亚热带的榕树。榕树有很长的气生根，它就在树干上掉下来生长，吸收空气中的养料，一旦碰到地就立马自己长出树来，所以说榕树可以一木成林。一棵树的气生根碰到地就扎进土里，然后又长出新树来，而且新生的树可以支撑原来的树，所以榕树可以长得很大。

还有一种叫板根，巴西的亚马孙森林植物里，热带的植物长得很高，所以它有很好的力学结构，用这么一个板一样的东西支撑它，水来或者是风来它都不会倒，我们的西双版纳也有这样的植物，老乡有时候就把板根的地方给锯下来，锯成一个圆的当轮子用，去西双版纳森林里可以看到树林里被老乡锯掉的一个一个圆的空缺。还有很多很多的根，比如热带很多的兰花，它的生命就靠气生根来吸收空气中的养料。热带雨林每天都有雷阵雨，打雷过程中形成的含氮化合物就被这些气生根吸收了，这些就足以使它取得足够的营养，能够生长。

自然界中植物的每一个器官都长得非常奇妙。而且在自然界，还有很多怪事，自然界充满了生存斗争，老虎要把兔子这些食草动物吃了，大鱼要吃小鱼。实际上植物也有生存斗争，比如在我国南方西双版纳的热带雨林经常遇到的一个现象是榕树靠着别的树，它就把那个树包围起来逐步逐步往上长，最后自己长得很丰满，被包围的树就死掉了，这个我们叫热带雨林中的绞杀现象。通过这个方式榕树可以长得非常高，依靠别的树就这么长上去。

树的年龄有很大的，北大的校园里面有很多百年以上的树，大约有三百多株，我想全国没有哪一个学校的校园有这么多的古树，或者比我们的树年龄更大的。记得我当学生的时候，在北京的西山野外发现有一棵银杏，大概是一千多年了。植物在很多不同的年龄阶段它会长出不同的叶子，我们植物学上叫异形性，可以根据这个来判断它的年龄。因为一棵大树，从生命的角度讲，越是靠近底下长出来的芽越是年轻，越是到顶上越是老，所以底下发出来的芽是年轻的叶子，到顶上是老的叶子。这个现象实际上在很多植物上都有。到西北去看胡杨，胡杨也有这样典型的异形性特征。

我们再看看花，花是植物很神秘的器官，因为植物一生中并不是一开始就有花的。很多高等的动物，像脊椎动物的器官是在他妈妈肚子里面早就有了的，生出来以后就会长大，发育。但是植物不一样，植物的种子里有根茎叶，但是没有花，当长到一定的时候它才开花、结果。花，自然界也很多，有的长得很漂亮，为了吸引昆虫给它传粉，有的散发很怪的味道，像印尼热带植物的花很大，它的味道特别臭，晚上能吸引很远地方的蛾子给它传粉。

花是很神奇的，比如一种热带的龙芝兰，它通常长得并不高，大概不到一个人高，但是它开出花来，一下子有好几个人高。另外还有很多奇怪的，有的植物长出来就开花，开完花以后再长叶子，其实很多植物都是这样，有的根本就没有叶子。我们吃的天麻，它长到一定大就开花了，从地底下长出一朵花来，就知道这个地下有一个天麻。现在人工栽培没有问题了，我们都知道。特别是在欧洲，这一类的植物有很多种，长得很漂亮的，草地上一大片的，全是美丽的花。有的花不怕冷，比如说冬天的梅花，它在很低的温度下都可以开花。我们吃的很多东西都是植物开花结果的产物。花同时也是我们环境的一部分，我想如果没有了花，这个世界就会变得非常单调。

这几年我们校园开的花有很多，大家知道北大在不同的季节有很多的花，最近我和生科院的副院长顾红雅教授一起编了本《燕园草木》，我觉得北大校园里有各种各样的植物，很漂亮，虽然外国的大学有很多植物园，但是回过头想想，还是我们的燕园最漂亮。因为我们的燕园有历史，走到哪里都可以讲出一个故事来，所以这本书特别强调在每一个地方的有关人文的事情。北大的校园，特别是春天，的确是很美的，有各种各样的花，比如说我们看到留园的紫藤非常漂亮，我们办公楼的门口有几棵大的银杏树，我们女生宿舍楼前也有一排银杏树，非常漂亮。实际上我们校园里也充满了这种多样性。

还有一些奇怪的花，比如我们经常吃的黄瓜、南瓜，大家知道它有雌花和雄花，对大部分植物来讲，它的花雌雄在一起，但是很多植物的雌花和雄花是分开的，甚至不在同一棵植株上。像黄瓜就是同株异花，同一棵植物先开雄花再开雌花，给它授粉，但是有一些植物压根雌花和雄花不在一棵上，最典型就是校园的银杏树，并不是每一棵银杏都结果子。这个地方有一棵银杏树是雌的，那么可能在一公里以外有一棵雄的，它可以靠风把花粉吹过来。当然也有意外，我老家吴县庙的门前有一棵银杏树，有五百多年了，我小时候记得那棵银杏树是公的，但是后来过了很多年再回去发现那棵公的银杏树也长出果子来了，后来仔细观察，原来有几个分杈变成母的了，所以植物也是会转化的，到一定的年纪会变一部分，而不是整株树。自然界这种自然转化的事件也很多。

　　动物和植物有很多地方是相关的。比如说黄鳝，黄鳝年幼的时候是公的，长大以后就变成母的了。植物开花后结果，要结果必须要授粉，这个授粉现象也是很奇特的。在几千年前，古埃及的墓里，就有法老拿了雄花序给雌花授粉的图像，可以看到两三千年前人们就知道给植物授粉是十分重要的，虽然那时候并不知道它是什么道理。自然界的授粉是各种各样的，水稻、玉米的，我们叫风媒花，靠风来传播它的花粉，也有很多靠昆虫来传播的，靠蜜蜂、蝴蝶、飞蛾，晚上的授粉很多靠蛾子，白天有很多蜜蜂和蝴蝶，都可以传粉。在有些地方，有一些蜜蜂特别奇怪，它晚上出来活动，白天不工作，每天上夜班，找开花的植物。实际上还有蝙蝠、蜂鸟这样的，所以授粉的对象是很多的。达尔文对这个事情进行了很多研究。

　　大家知道兰花的种类有很多，实际上很多热带的兰花，每一种兰花都有一种特定的昆虫给授粉，生物学上叫协同进化。兰花的不同，使昆虫相应的进化发生改变，来适应特别的兰花，这是非常巧妙的动物和植物之间的联系。开了花，授了粉那就要结果了，我们吃的东西，粮食也好，水果也好，都是果实，有很多果子是不能吃的，但是很好玩，很好看，颜色也很漂亮，比如说神秘果，西双版纳有的，这个果子一点都不好吃，但是吐掉以后嘴巴里面味道特别好，再吃酸的感觉不到是酸的了。

　　热带植物有一个特点，就是在很粗的树干上结果。还有植物果子很漂亮，风一吹可以吹得很远，把种子带出去，颜色也很漂亮的，所以说果子是有各种各样的形状。比如棕榈，包括椰棕、油棕，不同的棕榈产生了那么多不同类型的种子，有大的，有小的，可见生物界形形色色的都有。

生物界还有一类植物是很奇怪的，它们自己不干活，叶子也已经退化了，体内已经没有进行光合作用的叶绿素了，进化上讲它实际上已经高度地退化了。它靠吸器长在另外一种植物上来吸收它的养料，使自己更好地成长，比如说菟丝子，它是一种中药，到夏天同学们仔细观察会看到，它的颜色都是黄黄的，附着在别的植物上面。

植物界还有一类吃虫的。植物也并不全部是吃素的，也有一类植物会吃一点虫，当然它主要进行光合作用制造自己的养料，但是也需要吃一点荤的，改善一下生活。有的叶子上长了很多像牙刷一样的毛，昆虫一上去就黏住了，然后分泌的酶就把昆虫消化了。像猪笼草，昆虫一掉下去，它就把上面盖上，底下有消化液就把昆虫消化了，有的很大，比如说小的耗子能够掉进去。所以我们的大自然是千姿百态的，在进化的过程中为我们提供了吃的、用的、好看的。

植物跟我们人究竟有什么关系？第一个我想讲，植物是我们食品的主要提供者，我们地球上植物提供了人类的90%的能量，我们平时吃的实际上直接地间接地都是来自植物，我们吃的肉，还是由食草的动物转化过来的，所以植物大概提供了我们90%的能量以及80%的蛋白质，我们人类食品中90%来自我们茂盛的植物。

历史上大概有三千多种植物是可以作为食品的，大自然可以吃的植物大约有七万多种，但我们没吃那么多。随着人类文明的发展，我们要机械化，要高产量，现在真正大规模种植的农作物就150多种，最大众化的蔬菜品种就是卷心菜、洋白菜、花菜、西红柿、黄瓜等，中国人吃的蔬菜种类是相对比较多的。现在世界人口已经到了70亿，到2050年会接近90亿，最近我看到一个报道，预测到21世纪末，达到150亿，这就大大超出了地球可以容纳的总人数，这个是非常大的挑战。

所以说科学家正面临着非常严峻的考验，我们有没有办法解决人类面临的问题？人口增加需要食品，谈何容易！我们全世界的耕地还在减少，环境，气候，很多情况都不利于农业发展，自然灾害更加频繁。这个是很严峻的任务，全世界现在大概有十亿多人口处于饥饿状态，由于营养不良导致的疾病死亡人数很多。

由于能源危机，现在很多国家把农作物，如粮食用于生产工业燃料，美国这几年把大量玉米用于生产燃料酒精然后加到汽油里，欧洲用很多的油菜籽生产生活柴油，这样就使我们农业的压力增大了。纸张消耗也很大，就拿中国讲，虽然我们可以用计算机减少用纸，但是实际上我们各方面的用纸需求依旧很大。现在大家都要用手纸，及其他各类生活用纸，消耗量很大，计算机也并不完全能代替纸。而且，我们学校多了，教科书多了，都会大大增加对木材的需求量，中国已经成为世界上最大的木材进口国。我们正面临着各种国外的指责，我们进口大量木材，做家具、造纸，随着世界森林面积的减少，对全球的环境必然产生很大的负面影响。

随着二氧化碳增加，全球气候的变化给我们的居住环境和农业生产都带来了很多不确定因素。最近 1970 年诺贝尔和平奖的得主去世了，他讲过一句话我印象很深，他说，饿着肚子是不能建设和平的。我们当学生时国家正是困难时期，晚上肚子饿了，什么都做不成，只能躺在床上瞎聊天，画饼充饥。基辛格讲的更厉害了，他讲谁控制了石油谁就控制了所有的国家，谁控制了粮食谁就控制了人类，谁控制了货币方案权，谁就掌握了世界，这个话讲得还是很透彻的，所以粮食决定了一个国家的话语权。很难设想中国 13 亿人，我们粮食不够吃怎么办，所以对中国而言这个是很大的挑战。

20 世纪 90 年代末，美国的布拉恩写了一本书，中文版书名叫《谁来养活中国》，这本书在国际上引起很大的争论，核心观点就是中国的发展是和平发展还是要打仗，有人认为中国的人口增长太快了，粮食不够吃，中国有外汇，就到国际市场买粮食，中国一买粮食，国际市场上的粮食价格就会大涨，其他发展中国家就会没有足够的粮食，然后引起世界大乱。当然我想中国的科学家对这个事情还是比较冷静的，中国的粮食生产肯定是大问题，但并不意味着我们就没有办法来养活我们现在的人口。将来，只要我们大力发展农业科技，将人口控制好，我们就养得活。

当然这里面有很多的挑战，下面我结合有关的问题还会讲。我们的农民面对的问题在什么地方呢？大家知道在农业上，品种至关重要，是保证粮食安全的基础，国际上粮食总产量中增产的80%是依靠单产来提高的，而单位面积产量中60%到80%涉及良种的推广。我们国家的品种对粮食增产的贡献率约为40%，比国际上低，但也是蛮多的。

美国在过去这么多年来，化肥的使用没有增加太多的成本，但是玉米的产量还在不断增加，它靠的是什么呢？靠的是单位面积的产量增加了，单位面积产量增加又主要是靠品种的改良。我们中国，这些年来粮食产量实际上已经连续七年是增产的，但是我们的问题是单产，最近四年已经稳定了，单位面积的产量已经平下来了。所以说中国的粮食产量，是直接跟耕种面积有关，所以温总理讲我们一定要确保中国的18亿亩耕地这个底线不能动，其中16亿亩种粮食。但是我们对粮食的需求量仍然很大，所以我们科学家想要提高单位面积的产量。带来的问题就是肥料用得太多，我们现在的杂交水稻成功以后，其他优良品种都需要很多的肥料，不光是氮肥，还有钾肥、磷肥也不够，都要进口。那我们怎么培养新农作物，不要那么多的肥料，对环境比较友好，又可以高产、抗病，对农作物学家是很严峻的挑战，同时也带来了很多的机遇。

下面，我想讲讲关于药物方面。植物很重要的功能是为我们提供很多药物，水杨酸，最古老的药物，阿司匹林，很多感冒退烧药里面都有这个成分，仍旧是很重要的药。它的结构很简单，现在用化学的办法可以合成。奎宁有很强的副作用，我们中国发明了青蒿素，从黄花蒿里面提取的，这个植物很普遍，我们校园里到秋天开小黄花的全是这个植物。很多人因为它过敏，实际上它是一个很重要的过敏源，但是它的确很重要。我们的老祖宗对此有很多记载，它可以退热，可以治疗疟疾。现在科学家通过探索最终分离出青蒿素，而且把结构弄清楚了，是世界上公认的重要成果，也是世界卫生组织向发展中国家推广的高效的治疗疟疾的药。发明者屠呦呦已经领到美国的拉斯克奖和诺贝尔奖，很不容易。

红豆杉的紫杉醇是公认的很好的治疗妇女肿瘤的药物，但问题是它的产量太低了，只能从树皮里面提取，所以一段时间里我们西双版纳地区的红豆杉树皮被剥掉了，提取后的初提物拿到国外加工纯化，对我们环境造成很大的破坏,科学家现在想办法看有没有替代物来解决问题。我们吃的薯蓣,就是山药,中国人知道山药是滋补的,但是山药的种类很多,南美洲的一种山药,跟我们吃的山药不太一样,最早在1942年,美国发现里面有可以用来生产避孕药的原料,所以新中国成立以后也是大量从薯蓣里面提取原料来生产避孕药。

为什么我们很多的药都从植物中来,而不从别的地方来?科学家已经知道,我们中国人有传统的使用中药的历史,我们的老祖宗已经通过很多实验,大概知道有六千多种中草药可以治病,这是一个天然的宝库,也是老祖宗留给我们的宝贵遗产,西方研究药物都是到世界各地采标本,回来就提取。而中国老祖宗已经给我们尝百草试过了,后来鉴定出来这六千多种是有用的。所以我们可以把网收得很小,就在这六千种中来好好研究。

当然我们研究得也很不透,比如说刚才讲的青蒿,它是生产青蒿素的重要原料,但是我们民间就有话说:"三月茵陈四月蒿,五月砍下当柴烧",意思是这个青蒿到五月份就没有那个有效的成分了,就像柴一样。中医为什么要讲究药材,实际上是生态的环境对中药有效成分的积累至关重要。

我们现在要求科学家研究究竟什么情况下可以促进植物有效成分的积累。我当研究生的时候在科学院做实验,当时我们做人参的细胞培养,老师给我讲在南京种出来的人参就像胡萝卜,没有用了,虽然它的样子可能一样,但是它没有药用价值。这里面有很多的问题,是值得我们今天科学家来研究的。实际上有很多植物有用的成分有一个代谢过程,怎么合成的,要对这个过程有所了解,然后再控制它。

为什么那么多的药都是从植物中产生呢?现在通过基因的分析发现,很多我们的药在生活中就是次生代谢产物,它是相对于初生代谢产物而言的。光合作用形成的淀粉、脂肪、氨基酸、蛋白质就叫初生代谢产物,这些经过变化变得更复杂了,开始谁也不知道这些究竟对植物有什么用处,结构很复杂,有很多类,像生物碱、萜类化合物等就在次生代谢产物中,大概有10万种以上的次生代谢产物。我们人类筛选出来的药,大部分属于这一类的,都是植物的次生代谢产物。现在基因组分析,烟草基因模型,大概有286个是与次生代谢有关的,我们叫P450基因,这个基因跟次生代谢是直接相关的。果蝇中我们做了90多个,线虫73个酵母中只有3个,其他生物的数目就很少,植物为我们提供了那么多的有用的药物前体。

比如说我们的萜类大概有5万多种,聚酮类有1万种,都是天然产物,是许多药物的活性成分。但问题是自然界的资源太匮乏了,化学合成又很困难,刚才讲的紫杉醇的合成过程要几十步,靠合成方法那简直贵了不知道多少倍,所以目前为止我们还是希望靠天然获取。生物学家也总是想有没有新的办法可以用提高产量,今天青蒿素的代谢途径已经弄清楚了,在每一步过程中怎么使一个化合物变成另外一个化合物就需要酶。大家知道生物学中每一个化学步骤都有特定的酶来催化,把这些酶弄清楚了,这些酶的基因也就弄清楚了。现在科学家可以把它最关键地方的几步来一起操作。就像我们从北大到天安门的路太窄了,有几段关键的,先把这几段拓宽一点,生物学家做的事情就是把关键地方的效率提高一点,把十字路口打通,这样它的产量就提高了,这就得通过基因的条件来实现。上海交通大学的唐教授做了非常漂亮的工作,他通过这个办法把青蒿素的含量从原来的1%提高到了2.8%,增加了1.8倍,现在已经在湖南进行大面积的实验,他是通过转基因的办法来做的。

当然,生物学家更希望采用合成生物学的办法。我们很多的生物都是合成成分,近代的生物合成学,更多是学习西方,根据我们人的意图来设计新的生物体,来进行进一步的工作。比如说我刚才讲的次生代谢的产物,还有青蒿素的前体,紫杉醇的前体,把这些酶弄清楚了,就可以将这些基因从植物中搬到别的生物中去,然后靠工业发酵的办法使微生物大量生产我们需要的这些植物的药,或者作为药物的前体,这样就不用把树砍了,把树皮剥了,这当然是现在一个非常新的研究领域。

第三我们讲讲可再生资源的基本来源。植物给我们提供了各种各样的原料,生物柴油,燃料醇,我们平时烧的柴,实际上我们说的煤,也是古代植物的化石,我们的橡胶树做布的棉花和麻、淀粉等,每一样都是从植物来的,而且植物的一个特点就是可再生,可以不断地生产出来。大家都知道能源危机,都寄希望于开发新的能源植物,例如巴西就用甘蔗来造酒精,用到汽车上。巴西的甘蔗种植面积很大,人也没有我们这么多,甘蔗种了一收就是好几年。前面讲的油菜籽在欧洲作为生物柴油。油棕就是东南亚国家的棕榈树,油棕的油可以吃,但是质量不是很好,可以作为生物柴油。木薯是非洲人的主食,南美很多国家以及我们中国南方也有,木薯的产量很大,它的淀粉很好,可以作为生产酒精的原料。大家可能没有见过木薯是什么样子,但它的产量非常高,可以在非常贫瘠的土地上生长,非洲很多穷的地方就靠吃这个,但是它有一个缺点,就是含有一定的氰化物,对人类健康不利,所以必须经过一些处理才可以吃。还有甜高粱,就是北方的高粱。有一种高粱的茎干很甜,很多小孩子过去都当甘蔗吃。甜高粱在我们北方很多,北京科学院植物所和农大的很多人说,甜高粱的茎干里面含糖量很高,可以进行发酵,来制造酒精。中国发展能源植物大约有两个基点,第一点是我们中国能源不能与粮食争地;第二点就是不与人争粮食。我们的能源植物不能跟人口增加一起来拖累我们的口粮。我们必须用那些贫瘠的土地,或者是生产力比较低的土地来发展我们的能源植物。

这几年比较热门的是芒草,小时候我们当柴火烧的,它长得很高,现在发现芒草长得高的在春天会长到 7 米,它的生物量也很大。芒草的一个特点是纤维素含量特别高,能在很多贫瘠的地方生长,我们现在很多科学家寄希望于芒草能成为我们重要的能源植物。

还有很多人寄希望于我们的藻类,因为水里有很多单细胞藻类,它的油脂含量很高,有的单细胞藻类的油是大豆单产的好几十倍,甚至几百倍,但问题是怎么把这个油从细胞中挤出来,这个加工工艺目前还不成熟,科学家还在想办法跟工程师联合把藻类细胞中的油拿出来加工,如果这个技术过关了,我们在海滩边上就可以大规模养殖藻类,它的繁殖也很快,也许用海藻来制取我们需要的生物柴油也是一条途径。这就是为什么美国现在投入大量的资金,来搞生物能源中对藻类的研究。我们生科院的赵进东院士最近又很离奇地提出了一个想法,说建一个合成生物所。我们人类对藻类挺恼火的,太湖的污染也是因为蓝藻。那蓝藻能不能为我们人类做一点事情呢?他们课题组就把蓝藻里面转入了真菌中纤维素合成有关的酶,这个合成要好多酶,需要把它们组装在一起,等于是一大包转到这个藻类中,使这个藻类生产纤维素,而且在藻类的细胞内不好处理,他们要转一个东西进去，使这个纤维素可以分泌到外面来。在藻外面毛茸茸的，就是这个细菌开始生产的纤维素，那么赵教授很理想主义，说将来我们的海洋上就像长棉花一样，用这个生产棉花我们就不用种棉花了，这个当然很浪漫，希望这个工作能够做得很漂亮。

植物也能丰富我们人类的生活。我们人类的三大饮料，可可、咖啡、茶，无一不是植物，这已经成为大家公认的世界三大饮料。所以我想很难设想没有茶，没有可可，没有咖啡，果真那样，每一天大家都可能无精打采的，生活也没有劲。

但是，植物也给我们人类带来过很多的危害，最典型的就是生产鸦片的罂粟，烟草也是，还有很多其他的植物。鸦片在中国历史上害人不浅，鸦片的果子，在上面切一刀就流出白色的汁液，加工变成鸦片，再提取就是海洛因，在国际上有很大的市场，屡禁不止。你看金三角好了几年，最近好像又死灰复燃。这个家族也有很漂亮的品种，比如说虞美人，它就是一个果，但是它的鸦片含量很低。实际上以前我们国家有禁令的，所有单位和公园在一段时间内连虞美人都不能种，就是怕人有人拿来提取鸦片。现在放开了，我们校园里春天到处都是。

春天漫山遍野的罂粟花是很漂亮的，红的，还有别的颜色的，所以自然界也是一个很大的景观，当然鸦片对我们中国的负面影响太大了。还有茶叶，英国人把我们中国所有的茶的品种都收购了，有福建的、江西的，等等。然后在东南亚，想找个地方能够种茶叶。最后发现印度北部是生产茶叶很好的地方，就到福建又找了一批农民，种茶的，制茶的，成批地带到印度，今天印度在国际上的红茶生产比我们还厉害，它占有很大一部分市场。前几年我到武夷山去，看到我们的茶叶跟印度的一模一样。后来听武夷山那些老乡讲，印度的茶叶是从我们这里引过去的，当然一模一样了。这说明在我们历史上，穷困也是由于受控于人，我们好的东西都给人家拿走了。

大家都知道烟草最早是印第安人宗教仪式中用的，后来传到欧洲去了，哥伦布到了美洲就带回烟草去，在皇宫里面腾云驾雾，皇宫里面的侍从以为他嘴巴里面冒火了，就拿水往他头上浇，所以最早大家对烟草也不是怎么欣赏，但是后来逐步上瘾了。再者，烟草最早在欧洲是治百病的，后来发现没有什么神奇的，但是很多人已经上瘾了，到了今天实际上已经不可收拾了，最大的危害还在中国，中国现在烟民是全世界最多的，由于抽烟引起的疾病死亡的人数我们中国占全世界的一半，这个也是值得我们进一步思考的。

这样的事例还有很多，像太湖，滇池的藻类繁殖非常严重，由于富营养化，藻类大大地繁殖使我们的水质破坏，像我们老家的水都不能喝了。还有我们西南地区的紫茎泽兰，大概是20世纪40年代从国外蔓延到中国的，在云南每一个地方，只要哪里有空地，它就去占领，因为这个植物的根还可以分泌一些东西，只要一长它的势力范围就划好了，别的植物就长不进来了。当然还有像豚草，水葫芦，这些从南美引来是作为观赏植物的，现在已经存在危害了。话说回来，我们中国很多植物到国外也存在这种现象。我们的杜鹃花很漂亮，到了英国杜鹃花简直是疯长，让很多人都恨死了，杜鹃花我们觉得很漂亮，外国人觉得太多了，把他们的植物给排挤掉了。我们的紫藤在美国也是在很多树林里面蔓延开来。紫藤有日本的紫藤和中国的紫藤，中国的紫藤就特别厉害，就像中国的鲤鱼和黑鱼在美国都是很有侵略性的。

植物有时还破坏我们的建筑物，比如一座古庙没人管了，榕树的气生根就在墙的中间，把墙都挤压得走形了，现在联合国的专家正在研究怎么修复这些古庙。虽然也可以认为这是一个景观了，但是用不了多少年，这些房子都会被毁的。所以植物它很多情况下也对我们环境造成了一些负面影响。

接下来我讲讲植物与环境。地球上陆地和海洋生态系统，每一年都有很多的关系效应。地球每年通过光合作用固定下来的太阳能是我们人类全年需要能耗的10倍，所以说光合作用能量已远远超过我们地球上全部人类消耗能量。中国的生物多样性也是很重要的，我们的高等植物的种类有3万多种，大概占全球的1/8；美国加上欧洲不过也就3万种，西方的文明发展比较早，早就把客观的环境破坏了，现在不可能恢复到原来的样子，也不可能原来那些种类都存在。

更重要的是，中国是全世界重要的农作物起源中心，全世界很多重要的农作物最早都是起源于中国，比如说大豆。全球的640多种植物中大概有400种起源于亚洲，其中300种起源于中国和印度，对药材来讲中国是至关重要的。中国也是生物多样性受到威胁最严重的国家。特别是改革开放30多年来，环境受到很大破坏，我们中国农科院的水稻所就面临很多的挑战。

另外我们的野生种子资源丰富，我们在云南的昆明植物所有中国最大的野生植物资源，这都对我们人类的未来至关重要。以我们的杂交稻为例，袁隆平在海南发现的野生稻，它的雄性不育有一个基因是野外基因，然后就和正常的水稻杂交，配套就得到了衍生的杂交。如果没有野生稻，就没有今天的杂交稻。我们科学院老的副院长是搞小麦育种的，现在北方地区大面积推广的小麦品种，是他通过小麦跟野草，就是长穗偃麦草杂交后，反复杂交、选育出来的。自然界这些野生植物对我们人类改良农作物是至关重要的。

还有我们平时吃的猕猴桃。猕猴桃这个属类有69种，中国大概有59种，我们在武汉周远已经建立了全世界最大的猕猴桃种植基地。中国人过去对猕猴桃也不是那么感兴趣。因为猕猴桃比较酸甜，中国人的口味偏甜，但是老外不一样，老外爱吃酸的，所以最早猕猴桃引到英国，后来又从英国引到新西兰，这大概是一百多年前。我记得前几年我到新西兰开一个大会，他们正在庆祝猕猴桃引进新西兰一百年，因为猕猴桃到了新西兰，成为一个产业，现在我们全世界很多的品种都是新西兰研发出来的。猕猴桃有不同的颜色，里面的果肉有红的，也有黄的，我们人类很早就可以对这些原始的野生植物来加以改良，而我们现在猕猴桃品种太单一了，表面都是毛茸茸的，里面切出来是绿的，很多科学家正在想办法改良它。比如说北京香山那里的植物所，把野生的猕猴桃跟他们栽培的进行杂交，选出来一个很漂亮的绿颜色的猕猴桃，很容易撕皮，维生素含量也很高。这也表明，我们人类可以用很多野生植物为我们的未来创造很多新的品种。

植物对周围的环境也有很多的影响，包括清洁水源，调节气候，防止水土流失，吸收环境的有机废物、农药等其他的污染物，还为人类提供良好的生活环境。实际上为我们人类适应自然变化，提供选择的机会和物质基础。有一天我们地球上的温度升得很高了、很干旱了，现在的农作物都不能生长了，那么我们还有很多野生植物来培育。到那时，那种环境下的农作物品种和农作物为我们人类的生存能提供能量。所以保护环境，保护植物的生物多样性对我们人类同样是至关重要的。

不同的地方有不同的生态，广西的红树林曾经非常壮观。改革开放以来，红树林受到大量的破坏，为了发展经济，海边的都砍了。红树林可以在海边营造一个特定的生态系统，在这个生态系统中会有很多的鱼和虾，它们为其他动物提供食物，更重要的是在南方有红树林的地方会大大地削减台风和各种自然灾害带来的伤害，以及消减海啸等形成的巨浪对海岸的冲击。我们去广西考察的时候，看到有红树林的地方台风影响就不是很大，但是没有红树林的地方，台风影响就非常大。包括我们的森林也是这样，我去云南评估他们的保护区，去的时候正好是泥石流很厉害，我到老乡家里面家访，就问森林保护区究竟对你们有什么好处？他们感觉到了，就是云南很多地方干旱，但是他们没有事，他们那水有的是，别的地方都到他们那边取水。第二个就是别的地方泥石流很厉害，他们那有时也有，但不是很厉害，说明环境的保护，以及植被和生态是非常重要的。现在沿海地区把农业砍得都快没了，实际上农田是一个人工生态系统，对调节城市的气候至关重要。现在我们的教室都变成水泥地，城市的气温也上升了，就因为我们没有这么一个缓冲的条件。

大家知道全世界最大的树就是美国的红杉，我前几年到美国去的时候，到研究所的老师家里作客，旁边就是一个红杉树林，但是在美国红杉树林的面积也是大大缩小了。一棵红杉树得生长几百年，上千年。中国也有胡杨林，我们很敬畏它的精神，总是讲生千年不死、死千年不倒及倒千年不朽，但是它也很悲哀。在我们西北地区，虽然说它抗旱，但是在那一点水都没有，它还得死。水是生命之源，从这个意义讲，西北面临着非常严峻的形势。我们看到胡杨林到秋天一直是黄黄的，像我们校园的银杏树，成片的非常漂亮。

在过去 20 年中，全球森林每年可以固碳 40 亿吨，这个数量还是非常大的。这 40 亿吨相当于我们同期的化学燃料释放的二氧化碳的一半,所以这个植物还是很厉害的。这些年来,热带毁林的人为活动导致了 29 亿吨的碳的排放量,树林砍了以后,它要分解,它要释放二氧化碳。不光是不能吸收二氧化碳,还要释放,所以全球森林每年的净固碳就被抵消掉很多。

中国在这些方面做了很大的贡献。中国人工林占世界总量的 1/4,而且人工林正在成长过程中,它吸收二氧化碳的能力最大,到老以后,它吸收二氧化碳的能力会减少。森林也不是绝对不能动,要适当地砍伐。有时候火烧也并不一定是坏事,老的林被烧掉,新的林又更新,中国的人工林吸收二氧化碳的能力非常强,所以方老师研究的结果认为中国的生态系统大概可以抵消化学燃料总排放量的 1/3 左右,这个也是非常重要的,这个为我们中国参与国际碳排放的讨论提供了非常重要的科学依据。

前几年美国科学杂志有一个社论说要重视植物科学的研究,迎接全球的挑战。从生态学、生物多样性到气候,植物是我们这个星球得以生存的根本所在,通过提供基本的养料、庇护所、能量,维持人类的健康,起着调控人类生命基础的作用,植物学研究所产生的基本知识帮助我们重新认识世界的,以便我们人类主要的需求得到解决。

以下讲的内容较学术一点,就是植物对生命科学有什么作用。讲了老半天,植物和别的生命体有什么差异呢?植物还是有不同的。植物在细胞层面上,存在有细胞壁,动物是没有细胞壁的,植物没有细胞壁,就长不出一棵树,长不出一个植物。植物里面有叶绿体,没有叶绿体不能进行光合作用,不能生产其生存原料,这跟动物不同。此外,植物还有一个液泡,植物没有自身排斥系统,它靠液泡积累很多的废物。

在代谢上面,植物有光合作用,还有次生代谢,很多过程跟动物也不一样。动物从胚胎阶段已经具备所有的器官,接下来就只是长大,而植物不一样,植物一生中在不断地形成新的器官,像植物今年冬天叶子掉了,明年又长出新的叶子,重新开花,所以从这个角度讲,植物是一个开放的系统,不断地长出新的器官,它生存的方式也跟动物有很大的差别。还有植物物种的界定跟动物也不一样,植物你给它营养少,或营养多,或水多,它以后长出来是完全不同的,这个在外行看来还以为是两个不同的植物,所以有时候有些分类学家也有搞错的。另外,植物和工程固氮的微生物,和昆虫,都有很多特定的关系,这样说起来植物当然也就是一类自养生物。少数的寄生植物不是自养的,是靠另外一种植物提供的。

另外,植物的生长发育是开放性的,即植物对环境的适应有极大的可塑性,我们人可以移动,天冷了多穿一件衣服,动物的毛长得好一点可以避寒,植物不行,植物长在一个地方也不能动,天热天冷都是在那个地方,它唯一的办法就是通过高度的可塑性来适应这种环境的变化。我们很多遗传学家给生命科学做了很多贡献,比如说孟德尔,他把豌豆用一个简单的遗传定律解释出来,奠定了遗传学的基础。后来的美国科学家麦克林托克于 1983 年得了诺贝尔奖,她就研究了玉米的颜色色斑,她发现遗传的基因还有一些特殊的,有一些基因会在染色体上跳来跳去,叫跳跃基因,当年很多科学家认为她是疯子,显微镜下看出来染色体的变化,不可能。但是最后在微生物上证明她是对的,她的寿命也比较长,她活到 90 岁,所以她还得到诺贝尔奖。

光合作用是最重要的。在 1772 年,美国的一个科学家发现了地球上这个最重要的生化反应,当然我们中学里就有实验,把一个水藻放在水里面,太阳一照就会释放出氧气来,同时吸收二氧化碳,然后用这些氧气来点火。在植物体中,这些功能都是在叶绿体里面进行,所以叶绿体是一个高度复杂的自我调解的细胞器,它吸收光的能量,把光能转化为一个高能态,最后变成化学能,变成淀粉、脂肪等各种各样的形态存在植物细胞中。这些东西科学家已经把它弄得很清楚了,细胞膜上每一个结构怎么相互组合的我就不细讲了。其中包括光反应的化学反应。光能怎么变成化学能呢,现在知道有一个循环,由很多的酶来完成。这个固定下来的高能态变成了我们所需要的化学能,最后变成淀粉和糖等。

还有一个重要的就是植物叶子中有一种蛋白叫 Rubisco,我们地球上最多的蛋白质就是这个 Rubisco,因为植物要进行光合作用,而这个酶又是至关重要的。植物界所有的蛋白质中这个蛋白占到叶子中可溶性蛋白质总量的 50%。我们每天吃的菜、叶子,里面的蛋白质基本上就是这个

Rubisco。

　　植物还有一个很重要的功能是固氮，空气中那么的氮气，我们现在用很多化肥，实际上植物中很多细菌可以直接用空气中的氮气来制造有机氮加以利用，自然界氮循环是一个很重要的循环。我们现在减少对氮肥的使用，就是要充分利用我们自然界微生物的这些本领。生科院赵进东研究蓝藻，蓝藻实际上生长在氮很多的地方，它不固氮，就像有东西吃了自己就懒了。但是一旦从培养的介质中把氮去掉，一部分细胞就会开始固氮，绿颜色的细胞就变成蓝颜色了，这个细胞就有固氮的作用。为什么在这个位置我们细胞会分化出来？为什么这个细胞可以固氮？就此赵老师发表了一系列的文章，因为他这个工作很系统，而且有很大开创性，在美国科学院的院报上已连续发表了多篇论文。

　　和蓝藻相比，固氮更多的是根瘤菌，搞生物的都知道，根瘤菌是跟植物共生的东西，细菌感染了植物的根，长的瘤就可以固氮，把氮供给给植物用，光合作用中很多糖涌到根底下给它使用，双方互利。植物也有肿瘤，引起植物肿瘤的细菌跟根瘤菌是很近的亲戚，肿瘤是一个病态。还有的植物它也不是长瘤，就是长了很多的根，但又不像根，毛茸茸的、细细的，那么人一利用这个，可以使植物长很多根，就是在发酵的状态下让它专门生产根，因为植物很多次生代的产物都是在根里面的，就是促进长根，而不让你长叶子，就在一个培养管里面长根，合成我们需要的物质。

　　人类是很聪明的，经研究以后发现植物肿瘤中细菌有一团圆的，我们叫质粒，这个感染到植物中去，就会插到植物的染色体去，吞噬植物的细胞来生产它所需要的养料，生产激素使植物的细胞不断地分裂，为它不断地提供养料，促进细菌的生长，这个是非常巧妙的。这个细菌就像一个资本主义者，它侵入到这个植物细胞中去，控制了这个细胞，但是又不让你死，专门生产它所需要的养料。我们人类知道这个原理也很好，就利用上面这个 T-DNA 能够插到别的植物中的能力，把那些引起肿瘤的片段全部敲掉，换上我们所需要的东西，然后转到植物中去，这个是植物基因功能的基本原理。我们所需要的重要的基因，就插到那个空档中，使它生产我们所需要的东西。

在 2005 年，我们人类在新世纪面临难解决的问题中大部分还是跟生命科学有关的。其中有 6 个直接与植物有关的，有一些是跟植物间接有关的。我就讲一下跟植物直接有关的，其中一个就是植物细胞的全能性。我们今天都讲克隆动物，实际上植物学家早就克隆了植物。大概在 20 世纪 50 年代，植物科学家已经可以把单个细胞的植物培养成一个植株，比如说胡萝卜。问题是现在我们人类尚不清楚为什么一个植物细胞在植物的身体上一直进行光合作用，却没有变成别的植株，为什么一把它切下来，如胡萝卜的叶子或根放在试管里面培养，它就长出一大堆的胚胎来，变成一个植株，这个是我们今天的科学家所向往的，实际和动物的克隆是有关系的。包括很多干细胞实际上原理跟植物一样，大家都在关心，一个成熟的动植物的体细胞在一定的条件下，使它重新分裂，又重新变成一个胚胎细胞，这个是生物学中基本的问题。我们人很容易在试管里面把它作为单细胞培养成一个完整的植株。植物还有五个问题，就是植物开花是谁控制的？为什么植物总长到一定的大小，或者是一定光照的情况下它开花了？植物它怎么长细胞壁？细胞壁有我们的纤维素，还有造纸的原料等等，但是它是怎么形成的？植物有免疫系统，植物肯定要有免疫，它的病虫害的抵抗能力怎么来的？植物的生长是怎么调控？有的植物长得大，有的植物长得很小，怎么调控？还有植物对环境的抵抗能力，恶劣环境的抵抗能力，又怎么产生的？

植物抗旱、抗盐、抗高温、抗低温，不同的植物都不一样，这个也是人类思考的问题。举个例子，很多年前，我们北大生科院搞的植物研究。用拟南芥、烟草等模式植物的差异，我就要说明植物对环境的作用。植物并不笨，你看这两个植物在一个培养室是一模一样的，为了避免因为浇水对两个植物的冲击力不一样，水和养料全部喷地上，在房间里面没有风，这两棵植物的差异是什么呢？左边那一棵植物我每天用手摸它的叶子，右边那一棵就不动它，一段时间以后，左边的那棵植物显得很生气，就不怎么长了，右边那一棵很得意，长得很好。后来科学家研究发现这个植物的确很聪明，就是人的接触会使它体内基因的工作或者激素产生很大的变化。

在东北的长白山可以看到，有的树在风吹的条件下长成奇怪的形状，不是一次就完成的，它长期的积累工作导致它的生长方式的改变，这是对环境的一种适应。总得讲植物有很多的环境因素，如臭氧、温度、湿度，都要有信号到植物那儿去，在体内会影响到基因的调控，再会变成生长或者是生理的事件，做出反应。所以植物这个过程也是很复杂的，这正是我们今天植物科学家们都在研究的课题。

今后的植物科学院还是要发展很多的工作，今天有基因组已经非常现代了，分子生物学、遗传学发展，建立了很好的平台。在这个基础上，我们可以在分子、细胞、个体、群体，甚至生态层面研究植物生命活动的规律，而且希望这个为农业、林业、园林的生态环境保护和资源的合理利用提供理论基础，这也是我们国家几代植物科学家的理想。

植物基因组已经解析完成了，仅我们中国科学家就翻译了很多，我们在水稻基因组方面做了大量的工作。水稻实际上是中国最主要的农作物，中国水稻的品种也很多，根据考古发现，水稻在中国已经有8000多年的历史，过去我们讲籼稻是印度的，粳稻好像是日本的，不过这两个起源都可能是在中国。全世界种水稻的国家，要么种籼稻，要么种粳稻，只有中国既是籼稻的大国，也是粳稻的大国，所以有很多的多样性。基因组的工作为我们创造了很多条件，现在把水稻基因组弄清楚了，还进行了不同的比较。而且对水稻基因组的全基因组进行了分析，不同的品种之间的分析比较，为我们育种提供了很好的条件。未来的水稻育种完全可以在我们现代生物学的基础上把它做得更好。比如野生稻像野草，在进化的过程中，怎么变成我们现在的水稻？现在分子生物学家通过基因的比较，发现就是一个基因的变化，使它由原来的匍匐生长变成直立形状，后来把这个基因分离出来，转到水稻中，那么水稻也就变成野生稻的样子，说明基因是起这个作用的。这说明遗传学是个非常有利的工具。同样，研究我们生物的衍化，哪些基因与衍化有关，长期人工选择长的高的品种，产量比较高的品种，这个基因起了决定性的作用。

实际上植物与我们人类的医学有很多的关系，因为很多生理的构造，动物和植物的基因是类似的。所以研究很多植物基因，对我们人类的疾病，还有很多方面的工作，也有很多的影响。我讲讲生物技术，在全世界引起了很大的注意，大家认为对农业的发展、食品是非常重要的，我上面讲细胞的全能性，植物的克隆导致了很大的产业生产，光我们中国就有很多，如兰花，广西生产的桉树、橡胶，外面引来的品种都是靠试管苗的技术来繁殖，我们很多工业化生产都是这样。

过去生物学家把这个杂交，那个杂交，但爸爸妈妈很漂亮，生出来的孩子未必就漂亮，不漂亮未必生出来都不漂亮。育种学家发现，两个品种都很好，一杂交未必见得一定得到一个更好的品种，好的性状过去了，很差的性状也过去了。现在生物学家通过设计的理念，就是把最优秀的基因给组合到一起。换言之，对没有关系的植物，我们就把最好的基因聚集在一起，来培育我们所需要的品种。上面讲的水稻基因组的工作。我们通过全基因组的分析已经知道，影响我们水稻的淀粉品质的有25个基因，形成一个网络。"9311"是我们籼稻的品种，日本粳稻的口感非常好。我们中国的"9311"跟日本的粳稻有18个基因是有差异的，所以通过这些基因进行分子标记把它们进行杂交。现在产生了一个杂种，就是黄良优的杂交稻，引进了12个日本的基因，就大大地改良了。过去传统的就是把12个基因一一从一个品种转到另外一个品种，不知道要花多少时间，现在有分子生物的技术，提供非常强力的工具，可以把这个12个基因的标记很快地杂交到后代去选育，很快就可以得到我们所需要的东西。当然这方面进展更大的，即关于转基因植物虽然有争论，但是毕竟过去的二十多年发展也很快，转基因农作物的栽培面积还是在不断提高，基本上主要的还是大豆、棉花、玉米，还有油菜籽。美国的大豆，大部分是转基因大豆，我们今天的大豆，已经有 3/4 是从美国和巴西进口的，基本上都是转基因大豆。

棉花有一个主要害虫，就是棉铃虫，致使很多地方都绝收，但有了抗虫棉的培育，我们改善了棉花的生产状况，最明显的就是减少了农药的使用。中国的农作物中，棉花是使用农药最多的，棉花不断地开花，不断被棉铃虫侵害，一个季节要喷好多次农药。由于抗虫棉的培育，大大减少了农药的使用，增加了产量，也减少了棉铃虫对其他农作物的侵害。在中国，棉花和玉米往往是在同一个地区的，棉铃虫同样也毁坏玉米，由于我们使用抗虫棉也大大减少了棉铃虫对玉米的毁坏。当然，世界的事情都是很复杂的，一个问题解决了，又出来新的问题。棉铃虫问题解决了，棉花的不那么重要的害虫就成为主要的。当然也不是没有办法，科学家发现这些非主要的害虫，特别爱吃绿豆，就在棉花里面种几行绿豆，这些害虫就会到绿豆上去，把农药打到绿豆上就好控制了。

栽种转基因的抗虫水稻，不抗虫的水稻就黄了，抗虫的水稻却很绿。在菲律宾及夏威夷、中国台湾地区，就是由一些转基因的木瓜挽救了木瓜的产业。还有比如说番茄果实成熟靠乙烯使番茄变红了。把这些基因弄清楚以后，就得控制植物不要产生那么多的乙烯，番茄就可以成熟更长的时间，保鲜就可以更长。很多人吃大米缺乏维生素，特别是发展中国家。现在科学家把含维生素A的胡萝卜素合成的基因伴到大米的种子那里去，生产出来的大米就会有金黄色的，这样人吃大米就能补充维生素。当然有一些人讲，吃维生素胶囊好了，但发展中国家比较贫穷，哪里能买得起维生素胶囊？而且热带地区又不能种胡萝卜，这个不是很好的办法，菲律宾已经批准明年正式使用这个大米。还有我们植物很多花青素能够抗癌，英国有一个朋友就把这个基因转到番茄中去，番茄变成茄子的颜色了。我开玩笑说，你这个番茄出来是不是变成茄子的味道了？他说没有，还是番茄的味道，但是它的花青素的含量大大增加了。还有我们的杨树很多有虫，抗虫的杨树也是北大的校友在做。可见人类的不断创新，能够创造很多新的东西。

当然，转基因植物也让很多人担忧，对环境有没有影响？对人有没有影响？对生物多样性有没有影响？这些都是要人类去考察的。至少到目前为止，美国使用的这些基因没有发现有一例对人有毁坏的。实际上关键不在转基因技术，关键是在转什么基因。刚才讲袁隆平也不知道有多少基因转过去，我们李院长转的长穗偃麦草里面，更是一个转GTP的片断，上面可能就有几百上千个基因，关键是我们通过严格的科学实验来规范科学研究。

我想，今天的讲座，同学们只要有几个概念就可以了。一个是植物的确很重要，为我们人类提供了基本的物质基础。植物是一类非常特殊的生物群体，跟我们动物不一样。植物的生命现象的阐明也会为控制植物的生长发育、代谢和改良农作物提供科学基础。植物作为生物界的重要组织成员，为整个生命科学的发展做出贡献。最后，我也讲到提高公众保护环境、保护生物多样性的意识，提倡生态稳定的理念，我希望同学们能记住这些。

最后，希望我们北大学子更加珍爱我们的家园，保护燕园的一草一木。我们每一位北大学子就像一棵蒲公英小小的种子，选择了燕园的一片土，从此在这里发芽生长，我希望同学们在北大几年的学习能非常开心，长得很健壮。

第五讲

西方媒体对中国的报道及中国"外宣"面临的挑战

■ 程曼丽

主讲人介绍：程曼丽

北京大学新闻与传播学院院学术委员会主任，社会科学学部学术委员会委员，世界华文传媒研究中心主任。兼任香港大学新闻及传媒研究中心客座研究员，中国人民大学新闻与社会发展研究中心研究员，清华大学国际传播研究中心特约研究员，中国广播电视学会学术委员会委会，中国外文局对外传播研究中心特约高级研究员，国家突发公共卫生事件专家咨询委员会委员。主要研究领域为新闻传播史、国际传播、公共关系。已出版了《〈蜜蜂华报〉研究》《海外华文传媒研究》《国际传播学教程》《对外传播及效果研究》等著作，发表学术论文百余篇。

内容介绍：在国际传播领域，西方发达国家占据着全球传播体系的中心地位，缺少经济和技术支持的发展中国家则处于边缘状态，被动转载、转播着西方国家发布的新闻信息。这就使得国际社会的信息流向呈现出由中心向边缘流动、由发达国家向发展中国家流动的特点。因为西方媒体多为信息始发者，在涉华报道中也是如此，因而本讲基于对西方媒体，特别是西方媒体近期涉华报道特征的考察分析，探讨中国"外宣"面临的机遇与挑战。

大家都知道十七届六中全会提出了文化产业发展、文化强国建设的战略。新闻传播业，包括报纸、广播、电视，新媒体等作为文化创意产业中重要的一部分，是文化强国建设中必不可少的步骤。今天主要从对外传播的角度来谈一谈我对这个问题的看法。

首先就"西方媒体及西方媒体涉华报道"做个简单介绍。所谓涉华报道就是有关中国或者有关中国问题的报道。西方媒体，我这里为什么用西方媒体而不用一般意义上的外国媒体之称谓呢？大家可能都知道，西方国家，少数西方国家，或者说以美国为代表的少数西方国家的媒体占据着世界新闻信息资源的绝大部分。据统计，由发达国家流向发展中国家信息量是后者流向前者信息量的一百倍，甚至不止。这说明在国际传播领域西方国家占据着信息传播或者说国际传播的中坚，是主流。缺乏或者相对缺乏新闻资源、技术资源的广大发展中国家和低发展国家就处于边缘状态。所以国际传播中，事实上，新闻走向呈现出由中西向边缘流动，由发达国家向发展中国家流动的态势。从历史上看，包括20世纪60年代、70年代末，发展中国家或者低发展国家无数次地提出新闻资源不平衡，新闻传播、新闻秩序不平衡不公正等问题。但是直到现在这个问题并没有得到很好的解决。之所以这样的状况没有发生根本性的变化，是因为西方媒体是有关中国问题或者中国报道的始发媒体，而其他的媒体都是转发、转载、转播。这就是我们为什么会主要以西方媒体，即基于对西方媒体，特别是结合对西方媒体近期涉华报道特征的考察分析，来探讨中国"外宣"面临的机遇与挑战的原因。

下面谈一下我为什么把"外宣"打了引号。从学术界我们研究的角度

第五讲 西方媒体对中国的报道及中国"外宣"面临的挑战

讲,我们叫"对外传播",但官方呢,仍然还用"外宣",或者说混用着"外宣"和"对外传播",打个引号,也是这个意思。

接下来就围绕这个大的话题就以下问题进行具体探讨:第一是西方媒体涉华报道的特征,第二是中国信息源开放带来的挑战,第三是中国外宣在这方面存在的问题和我自己对这个问题的一些看法、对策及建议。

第一个问题,西方媒体涉华报道的特征。概括讲有以下四个方面:一是报道量少,二是误解与偏见普遍存在,三是利益博弈的成分增加,四是微博成为重要的信息源。后两个是最近两年才有的新特征。

第一个特点,报道量少,我们自己会以为中国是这么大的国家,有着五千年的文明,我们改革开放 30 年又发生了翻天覆地的变化,2008 年我们又成功举办了第 29 届北京奥运会,国外媒体、国外民众对我们应该有比较多的了解,但实际上不是这样。从总体上看,国外媒体、国外民众对我们的了解还相对偏少。举个例子,不久前国内一家比较有名的媒体组团去瑞典最大的报纸《每日新闻》访问,瑞典方面派出了《每日新闻》里几乎所有负责中国报道的记者编辑,其中有一位是名记者,他经常写中国方面的评论文章,有的时候每天一篇,名字叫佩尔·阿林。我们代表团的记者出于好奇就问他:"你对中国问题了解这么多,写了大量的文章,去过中国很多次吧?"令人惊讶的是他说他只在 1985 年和 2000 年到过中国。并且两次停留的时间加起来不足三周!我们不由就想知道他凭什么、靠什么来写中国问题的评论?原来是西方那些大媒体,包括西方著名的几大通讯社,美联社、合众国际社、法新社、路透社等,从那里读取涉华报道的二手资料。

这种情况在很多国家都比较普遍,因为世界上很多国家都没有专门设立专门报道中国问题的记者站及记者。其实,很多人对中国的报道都是做二传手,都是去转载、转播西方发达国家通讯社的新闻,还有一些广播电视机构的涉华报道、二手资料。想想掌握新闻报道话语权的西方主流人士、媒体人士尚且如此,那么一般的老百姓对中国的了解就更是可想而知了。

接着还举这个瑞典的例子。瑞典在前段时间做了一个类似民意调查,民意调查的内容非常有意思,是列举出一些国家的名字,在这个国家的下面分别列出一些关键词,然后让受访者去对那些关键词进行排列、排序。你首先想到的那个关键词是什么,排出三个来。看看他们是怎么排的:第一个是美国,瑞典人是通过伊拉克、麦当劳和好莱坞来表现的;接下来是俄罗斯,第一个我记得很清楚,是克格勃。后两个我记不太清楚了。然后就是中国——中餐馆、廉价商品和共产党,这就是瑞典人对中国的印象,这反映的是一个客观情况。

再给大家做一个展示,这个是 2008 年奥运会时成立的一个组织,叫中国国际传播促进会,或者是传播促进委员会。它不是一个官方的机构,应该是一个民间的机构,但带有官方色彩,叫南海国际传播促进委员会,同时也在纽约办电视台,叫南海电视台。大约是 2008 年 9、10 月份,有一个组织委托国际上一家非常有名的调研机构,就美国人眼中的中国为题做了一个调查。调查样本是 200 万个 18 岁以上的成年人,应该说样本有一定的普遍性、有一定的代表性。我们来看看美国人眼中的中国是什么样。当然他们那个调查很复杂,篇幅也很多,我只是从中间截取了几页,大家看一下美国人心目中代表中国的符号,有这样一些。谁是在美国最著名的中国人?成龙、李小龙、李连杰,当然还有毛泽东、孔子。大家看到排前五位的有三位是武打明星,说明中国功夫是非常深入人心的。我是 20 世纪 80 年代出国的,去的是对中国人很好的那些国家。他们为了表示友好都会凑到你面前来跟你说两个字,这两个字就是"功夫",他不会说汉语,但是他会说这两个字。这几年到一些国家去,仍然是中国人不太多的地方,有人还会凑过来对你讲"功夫",然后伸出大拇指,反正就是中国功夫了不起。就是这样一种长期的符号刺激,形成了一种固化的印象。对中国,这是好还是不好,大家心里可以想一下。哪几道中国菜在美国最流行?反正就是萝卜青菜各有所爱。美国人其实对国外的情况不是很了解,或者说他不倾向去了解除了他本国以外的国家的情况,还有美国人知道的中国名牌有哪些?我们觉得我们自己国家有很多名牌,但是他知道吗?他不太知道。有时候国外的人自己都搞不太清楚的,什么三星啊,跟中国没什么关系的。当然随着中国改革开放步伐的不断加快,现在到中国来的外国人是与日俱增,他们一定程度上也增加了对中国的了解,但是我讲的是整体情况。总体来看，国外的媒体也好，民众也好，对我们了解非常有限，这个就需要我们去多做一些主动的推广，就要去多做推介工作。什么是美国人当前最关心的中国问题？很多都是长期以来在它的问题单上从来没有抹掉过的，比如说人权问题。这是第一个特点。

第二个特点是误解与偏见普遍存在。我们先说几个偏见，西方媒体的涉华报道，对中国报道的偏见我们会说是负面报道。对中国的负面报道比较多，这是一个客观现象，也是一个客观的情况，这不得不承认。实际上西方媒体对于中国的误解和偏见，或者说在媒体上的负面报道，已不只一天两天。我们简单地做一个历史回顾，就说 20 世纪以来西方媒体对中国的那种高关注，或者说大聚焦，总的来讲大致有三次，当然还有一些小的聚焦，但大的历史转折与聚焦只有三次。

第一次是出现在中华人民共和国成立时。1949 年，中华人民共和国成立震惊了整个世界，尤其是西方世界。当时西方媒体，包括西方舆论界掀起了一股大辩论，就是谁丢失了中国。在这场大辩论中有人就提出"黄祸"一词，说新中国成立就无异于一股黄祸，伴随着这股黄祸论对中国的封锁、遏制和打击也全面展开，这是第一次。

第二次大聚焦出现在 1972 年美国总统尼克松访华前后。西方国家，特别是美国由围堵中国转为打开通路。这次大聚焦更多表现在西方媒体、西方世界对中国这个带有神秘色彩的文明古国历史文化的关注。在这次大聚焦中，中国的长城、故宫、兵马俑，还有中国的医药、中药针灸、功夫等这些东西为西方媒体津津乐道，成为热议的话题。

第三次高关注，或者说大聚焦出现在中国实施改革开放政策的 20 世纪 80 年代至今。改革开放以后，美国等西方国家对中国越来越感兴趣，对中国的关注度越来越高。像一些大的通讯社，美联社和法新社，还有路透社等，在中国常设记者的人数开始增加，每天向外发布上百条有关中国的报道，包括一些消息、通信还有一些深入的新闻分析报道等。据有关人士的研究，这些报道里有很多都是负面的，刚才讲的西方媒体实际上占据着国际传播的中心位置，其他国家的媒体对这些是转载、转播、二次传播，这些东西实际上在传播的过程中影响到更多的媒体和更广泛的公众。冷战结束，苏联解体，美国国内的一部分人就把中国作为一个新的假想敌对待。代表这一部分人的言论就占据了美国国内的主导地位相反，支持中国倡导发展中美关系的言论越来越弱化。

我们再做一个简单的回顾。为了搞清楚在一段时间内西方媒体对中国的报道的基本方略有没有发生什么变化，我曾经也做了这样一个研究，就是由我们《国际新闻界》杂志（专门以报道国际新闻传播现象，分析国际新闻传播现象为主的一份研究性刊物）1995 年、2000 年、2002 年、2006 年的文章中各抽取一篇关于外国媒体涉华报道的分析文章，发现在长达 12 年的时间里，横跨两个世纪，国外媒体，主要是美国媒体对中国的报道基调没有发生根本性的变化。这里讲到的是 2006 年，实际上往后延伸，每一年都会有一些针对中国，一些问题报道热点都是延续了以往的那种基调。比如说 2007 年，有件事我们没有觉得它有多么重大，但是西方媒体高度聚焦。这就是死虎事件，可能大家都没怎么注意过这个事件。它发生在 2007 年 12 月，湖北宜昌三峡森林野生动物世界有一只成年虎、两只小虎被猎杀，小虎仔尸体被冷冻在冰箱里。当这个事情被曝光后引起西方媒体的高度关注，一些大的通讯社都围绕这个事件做了很多耸人听闻的标题。当时中国政府也很重视这个事情，把它定性为非法猎杀野生动物，并责成警方去侦破。西方媒体突然掀起了一场轩然大波。这样的报道给人的印象就是中国不但不重视人权，甚至也无视动物生存的权利。这件事后又出现很多事件，比如 2007 年时对"中国制造"的全面否定，对中国食品安全问题的狂轰滥炸，后来才有商务部花巨资在全球投放广告。

再往后，2008 年的"3·14"事件，大家可能还记忆犹新，西方的一些媒体不顾事实真相做了歪曲性的报道。非常明显，有些西方媒体就是采取张冠李戴、移花接木的手法，就像把外国警察制伏示威者的照片挪到了拉萨事件的报道中。又如把暴徒袭击军车的画面裁剪后就变成军车威胁路人的画面，这是非常匪夷所思的，甚至我还看到了裁剪经过。当时还出现了舆论一边倒的态势，整个矛头都对着我国。当然这个事件本身为什么会出现这样的结果，我们还要做分析，这是另一个话题。比如说当时我们不允许外国记者接近信息源，一个也进不来的情况下，你又不提供充分的、连续的信息，他们会怎么办？其他媒体，包括对中国友好国家的媒体、中立国家的媒体，都是处在信息传播的边缘状态，只能转载，最后的结果就是舆论一边倒，对中国非常不利。

我们感到非常自豪，我们成功举办了奥运会。客观地讲，奥运会的召开一定程度上平息了西方媒体的负面的舆论，大家应该也深有体会。国外媒体对于中国成功举办奥运会，对于奥运会的各项组织工作，尤其是志愿者的出色的服务工作给予了高度赞赏，不吝赞美之词。很多人都感到欣慰和自豪。并有人乐观地预期说，将来国外媒体的涉华报道倾向性会有一个根本性的改变。我记得外交学院院长吴建民的一位博士生的开题，是研究西方媒体的涉华报道。我印象深刻的是他的开题报告，划分了几个阶段，对西方媒体涉华报道做了一个历史脉络的梳理，然后总结分析阶段性特征。他认为每一阶段用一种模式。模式是什么？是对一个东西相对固化的一种描述，比如说中华人民共和国成立的时候，是一种对中国很不友好的报道，那时的报道非常偏激、片面，充满了那种疑虑的色彩。后来到改革开放好了一些，再到奥运会召开，就更好了。那么奥运会以后西方媒体对中国的报道，肯定正面的东西会越来越多。当时我就讲，我可不像你那么乐观，后来还写了一篇文章，主要是如何理性地看待这个问题。我当时在这篇文章里就讲，我们不能不看到北京奥运会所带来的，对我们国家所谓外宣、对外传播的放大效应与中国主体性信息源的地位、奥运会本身的特殊性有关系。什么叫"主体性信息源的地位"？奥运会在中国举办，就是主体性信息源，是对我们有利的。从信息传播的角度来看一下奥运会本身的特殊性，奥运会是世人瞩目的国际体育盛事，奥运会的举办，宣战的两国都要停战，在一定程度上掩盖或者淡化不同国家的矛盾冲突，尤其是意识形态的东西。奥运会开完之后呢，这些东西暂时处于潜伏状态。那么曾经处于潜伏状态的这些矛盾冲突会不会再次浮出水面呢？这是肯定无疑的。原因是西方国家，尤其是舆论界、媒体长期对中国有一定的渲染，况且对中国带有偏见的国际信息舆论环境已经形成，而这样的信息舆论环境在短时间内是不可能改变的。我们心理学有一种效应叫"首因效应"，就是说最先提供的信息能够在人们头脑中留下清晰的第一印象，要改变这种印象难度很大，你要投放成倍量的信息去把它扭转过来，但效果不明显。我们传播学里也有"刻板印象"这个词，"刻板印象"是非常要命的。它不仅仅是深入在人的认知层面，更是深入到人的态度层面，甚至已经在行为上体现出来。要想扭转怎么办？就要付出更高的成本和更大的代价，效果还不一定好。我们面临的就是这样一个情况，西方媒体对中国的报道基调是一贯的，具有历史延续性，对中国的误解和偏见也是始终存在着的，没有发生根本性的改变。

我们再看几个例子，2009年4月21日，美国工商协会在《华盛顿邮报》上做了整版广告。《华盛顿邮报》是美国非常重要的一份报纸，发行量很大，读者的知识层次也很高。它做了这样的广告，像一个信用卡，造型是一面中国国旗。它下面有几行小字是说持卡人你孩子的名字。还有一行小字，是美国未来一代将依赖中国债权人的怜悯生活。有点酸溜溜的味道，中国是美国最大的债权国，这个谁都知道。还有把中国和其他一些国家都列到，说发展中国家都是使全球气候变暖的"伪君子"，其中中国应该对这个事情负主要责任。美国工商协会在《华盛顿邮报》上做这样一个整版广告是有用意的。它代表什么？中小企业主，是对华盛顿、对奥巴马施压，希望对中国采取更加强硬的政策。这样就会使得这些中小企业在跟中国企业的竞争中处于有利位置，完全是利益导向的。

这是第三个特点，利益博弈的成分增加，确切地讲是从2009年以后出现的一个新的现象。我们从2009年开始受国务院新闻办的委托做国外三份大报的涉华报道的跟踪分析，即美国的《纽约时报》《华盛顿邮报》，英国的《泰晤士报》。他们叫"舆情研判"，非常时髦的一个词，其实我们还不能做深度的研判，不过是给学生一个机会，让大家能够接触这些报纸，然后把每天的情况做一个简报。跟踪了三年，里面的确发现一些问题，而且这几年恰好是一个转折点，发现一些新的动向。利益博弈的成分增加与中国自身发展的关系是非常密切的，因为这几年中国发展非常快，尤其是2008年奥运会以后。过去我们在世界经济排名中的那个位次，是提不上来的。过去我们的经济跟世界经济，跟西方国家是一种互补的关系，那么现在有点同质化了，有点竞争关系了。现在也有全球战略和全球利益，跟这样一些国家有了更多的利益上的交织。这会导致什么呢？自然就会导致利益博弈，利益博弈的成分在舆论当中，在新闻报道当中就突出了。直接的表现就是涉华报道的复杂性增加了，你得去判断，以前负面、正面报道、政治经济类报道、政治类报道和经济类报道是可以分得很开的，现在都融合在一起了，你得去仔细地品味，仔细地去判断它到底要表达什么。比如说在以往西方媒体涉华报道中，政治经济类报道是很容易区分的，改革开放之初是政热经冷，后来的一段时间是政冷经热，再往后，它已经是政经融合或者政经一体化了。再举个例子，比如说人民币升值，它原本就是一个经济问题，应该在经济领域中考虑的问题。但是西方媒体，特别是美国的一些媒体在新闻报道中，作为一个议程设置，一再强调中国是汇率操纵国，定了性，然后不断地放大，不断地强化，于是在大家头脑中留下这样一个信号，给中国贴上了一个标签。实际上每年都会有一些国会议员提交议案要求给中国贴上这样的标签。它讲这个问题的时候就会说，中国作为汇率操纵国，不但损害了美国人的利益，也损害了世界上绝大多数国家民众的利益。这样一来就把中国推向了国际社会的对立面，这个问题就不单纯是经济问题，而成为政治问题了。所以就出现了一种政治或者政策导向，政治或者政策需要。这方面我觉得越来越复杂化。其实从美国的媒体上来看人民币问题，是由来已久的，但是它有的时候会做一些弱化处理，比如说不去强调。但是有的时候比如它自己的经济出现比较严重的问题的时候，它会把这个问题一再提出来，而且会不断加码升级。它过去可能会提操控人民币汇率，它在需要强化的时候就提出一个词叫"货币战争"。战争的一方自然是中国，战争的另一方是谁就可想而知了，这样它的确就把这个经济问题政治化了，或者扩大到一个政治层面。

  前段时间，观察到这样一种现象：现在对西方媒体的涉华报道归类问题得好好想想，因为捧我们的不见得是对我们好，骂我们的也不见得是对我们不好。其中的利益导向必须分辨清楚，否则就会被误导。针对这个现象，我写了一篇文章叫《冷静对待西方媒体的涉华报道》。我的看法是，对西方媒体的涉华报道，我们的媒体缺乏经验，经常被误导，经常被忽悠。因为我自己也观察到这样一种现象，比如说美国的涉华报道，在2009年下半年特别明显,从2009年下半年到2010年那段时间突然就大起大落。刚开始因为2008年,世界进入经济危机,全球性的金融危机,中国表现得非常好,而且美国对中国也有所求,所以美国媒体对中国有很多的赞美声,包括中国模式、北京共识等这些一再被提出来,成为媒体上的一个重点话题。当时我们很多媒体都非常热衷于去摘引、转载西方媒体关于北京共识的报道,例如北京共识取代华盛顿共识等。当然那时也有一些反面的、反对的声音,咱们都视而不见,就是说它对我不产生什么作用,然后就出现了一些问题。跟着它对中国评价的大起大落我们也跟着大起大落,跟着它来了一个180度的大转弯,所以我觉得这就能看出来中国媒体在这样一个问题上不是很成熟,而且我觉得我们从2009年下半年以来对外舆论好像在跟着一个无形的指挥棒走,或落或起或喜或忧。而握着这个指挥棒的好像就是美国媒体。实际上是议程设置,是舆论引导,而在这方面我们还不太擅长像美国那样。

其他涉华报道也有类似情况,实际上是人为干预,人为设计。我们从历史上看,中国极贫极弱的时候,它说你是东亚病夫;中华人民共和国成立的时候,它说你是黄祸;中国改革开放,中国经济高速发展时,它说中国威胁;它自己的经济出现问题,它说你是货币操纵者,等等这些。我觉得在这个方面我们太被动了,应该向美国学习。大家觉不觉得我们很幼稚?2009年11月中旬,美国总统奥巴马访问中国,我们的媒体都在那非常激动地在讲中美关系即将上一个新的台阶,掀开新的一页,完全是好的评论、讨论。我当时重点观测了一两家我们的主流媒体,中央媒体,大媒体。它摘取的那些东西完全是摘取者他自己的判断,完全是好方面的诉求。其他的就屏蔽掉了,比如说奥巴马访华里面反映出的是报道者他自己的诉求,实际上这并不证明中美关系能够掀开新的一页等。这个我们在西方媒体上也都看到了,但是我们国家媒体不去考虑这些东西,而是有选择的。12月份又出现了什么问题呢?哥本哈根大会,美国谈判代表就调转枪头对准中国,中国媒体就傻了。这个枪头对准中国后,中国媒体一定要站在中国政府的立场上去发表言论、发表评论,很短的时间内开始全面反击美国的阴谋、帝国主义的阴谋等。进入2010年以后中美关系又出现了更多的关系,先是"谷歌"退出中国市场,然后美国国会批准4亿美元的对台军售,还有奥巴马等会见达赖,而我们的部分媒体就不知所踪了。所以我觉得我们的媒体对国际关系这个大局常态的特征缺乏深入了解,被表面现象所迷惑,甚至被西方媒体牵着鼻子走。这是我们无论是要扩大国际影响,还是争取话语权都应该注意的、应该学习的。

第四个特点,微博成为重要的信息源,媒体已全面进入了不仅仅是互联网时代,而且是互联网技术应用的外三角时代,它的形态像Facebook、新浪微博,还有腾讯微博等。在中国微博发展是非常快的,在座的同学是不是都有微博?2010年被称为微博元年,实际上微博不是从2010年开始的,但是它在2010年获得一个井喷式的发展。2011年微博的用户突破两亿了。微博有它自己的特征,最大的特征就是广泛的参与、广泛的互动和爆炸式的传播,这个在很多事件中都体现出来了,大家可能都会有这样的感受。微博有这样的特征,它会日益成为一些热点事件的首发媒体。有这样一个数据,2010年有138起社会热点事件,在这138起社会热点事件当中呢,微博首次曝光的是89起,占曝光率的65%,占绝大部分,超过了传统媒体的曝光率。如2011年钱云会事件、药家鑫肇事杀人案、郭美美引起的红十字会信任危机,"7·23"甬温线特大交通事故等等,很多都是微博首发,微博直播,具体的数字我就不多说了。所以新闻传播现在已经不是一个神秘的研究领域啊,它已经完全不神秘了,现在已经进入社会化媒体时代,或言媒体社会化时代。人人都有麦克风,人人都是记者,所以要讲一些稍微有点深度的东西。假如我们现在已经进入微博时代,你可以说我不了解这个领域,我不了解那个专业,但是新闻,现在是这样一种情况,就跟以前说教育似的,我这个不太明白,那个不太了解,但是说新闻我还是能说上两句的。现在新闻已经是一个大众,尤其是新闻媒体大众使用的一种媒体了。

第四个特点,微博的作用不但引起中国政府和中国传统媒体的注意,也引起西方媒体的高度重视。西方媒体大概是从2009年到2010年就开始把微博(就是中国的微博,尤其是用户比较多的新浪微博)作为它的一个中国的信息源在使用。我举两个例子,第一个例子,就是郭美美在新浪微博上加V注册的认证,而且是在炫富,当时有很多人跟帖了,很多人去骂她。有人揭出一些为一般人所不知道的一些内幕消息,当然还有很多猜测。你以为是我们中国人自己在那关起门来说事而已吗?其实不是这样,后来我们发现外国媒体都在那儿潜伏着,都在那儿围观呢。没过几天我就发现那么多媒体包括国外几大媒体都发了关于郭美美事件的报道,还有跟踪报道。围观的有《纽约时报》《彭博咨询》,大家都知道彭博社的《彭博咨询》,还有英国的《金融时报》,还有法国的第三电视台,新加坡的《联合早报》,马来西亚的《星州日报》,中国香港的《南华早报》等。后来这些媒体都在议论,都在跟踪报道郭美美事件,所以已经不是说我们中国人自己议论什么事情了,你在议论的时候,外国媒体也跟你在一起看,它只是当时不说话,过后就报道了。"7·23"甬温线特大交通事故发生的时候,也有很多外国媒体在围观,它不可能参与议论。《纽约时报》就注意到新浪微博上《中国保险报》的评论主编童大焕在新浪微博上发表了一首小诗,微博有140个字的限制,他也不可能写太多的内容。但是《纽约时报》就注意到了他这条,这个我一说大家都知道,可能都是有所耳闻,就是这一段:"中国请停下你飞奔的脚步,等一等你的人民,等一等你的灵魂,等一等你的道德,等一等你的良知,不要让列车脱轨,不要让桥梁坍塌,不要让道路成为陷阱,不要让房屋成为废墟,慢点走,让每个生命都享有自由和尊严,每一个个体都不应该被这个时代抛弃。"《纽约时报》注意到了,然后全文转载了。这样的事情,将来会越来越多。

我也发现这里边有一个非常有趣的现象,西方媒体已经注意到,微博言论和中国政府,和相关媒体的主流言论是不同的,所以它开始采取两种方法来引用微博的言论。第一种,是当传统媒体上息声的时候,没有声音出现的时候,它到微博上找,很直接、很快;第二种,当传统媒体上有信息出来它不相信的时候,它到微博里去证伪,两种做法非常明显。所以它实际上也是有选择、有重点、有侧重地去选用微博言论。

我的新浪微博也是被加V认证了的,我那微博发得是很平和的,有时也把微博作为信息源,比如哪件事怎么样,就这样写几句话,很短,140字都没到。后来就有很多媒体人发帖,也有的给我回短信,有的直接在上面发表言论。我记得有好像是一个媒体的主编,他说你点醒了我,以前我们没有意识到，我们就是觉得自顾自地在这说些什么，没想到它是与国家的利益联系着的。我觉得这个是他自己悟到了这一点，当然我想表达的也有这个意思。

第二个问题是中国信息源开放带来的挑战。中国信息源开放对于我们这个对外传播，或者说外宣是带来了怎样的挑战，包括对我们国家的政策，对我们国家的传统。中国信息源，向外国记者、外国的新闻机构开放始于2007年，是北京奥运会及其筹备期间外国记者来华采访。在此之前的很多年，我们对于外国记者和外国驻华新闻机构管理，是按照《外国记者、外国常驻新闻机构管理条例》来进行的。以前外国记者在中国采访有种种限制性的规定，外国记者到中国来是很不容易的。首先你能来就不容易，来了以后你要登记注册，取得有关方面的认可、同意、批准，还得有专人陪同才能接近被采访对象。这一点现在有很大的改变，前边的这些限制几乎都取消了。外国记者来华采访，你只要求得、取得被采访对象的同意，不需要去登记，也不需要什么批准，更不需要专人陪同就可以长驱直入，可以接近被采访对象，取消了很多的限制。2008年奥运会，因为那个时候会有很多记者，上万名记者涌进来，对这些记者如何管理肯定是一个问题，首先要解决这个问题。所以2007年颁布的条例是针对奥运会的，奥运会结束以后它的一些条文是自行失去了效力。但是大家看2008年又颁布《中华人民共和国外国常驻新闻机构和外国记者采访条例》，它把2007年规定中的主要原则和精神以长效法规的形式固定了下来。这样就使信息源向外国记者、外国媒体的开放有了法律上的保证。就是说这些内容一旦规定下来，它是不可逆的。北京奥运会及其筹备期间，外国记者来华采访的规定颁布以后，我们的一些部门，尤其是地方政府，主管宣传的一些领导同志就有点慌神了。为什么？按照他们的话来讲，我们中国记者这点事还没搞清楚呢，你叫外国记者到我这来采访我怎么办呢？奥组委同样面临这个问题。因为届时起码有几千名记者，要住到媒体村，然后有奥运村、媒体村住进去，需要很多人去管理，奥组委就从在北京的国家相关部委相关的职位上抽掉了四百名干部，专门做这方面的工作，叫管理也好，服务也好。这些人他们在他们自己的岗位上都是好样的，都非常有行政经验。但是跟外国记者打交道，他们从来没有过这样的经历、经验。所以当时，我也算是做了点贡献，奥组委也让我去给这四百个人做了一次培训，他给我出了一个命题作文，就是西方媒体的特性。西方媒体是什么样的？它都有什么样的表现？它对华又是什么态度？跟它打交道，跟它相处要注意一些什么问题？我更多讲的是信息传播的一些原则、方向、要求等规定性的东西。让他们去了解，以前办事方法，行政的手段等，这些都对外国记者不再奏效。接下来就是地方上的一些政府官员，针对他们的需求，新闻办就搞了一个叫"全国采访线工程培训"。什么叫采访线？大家可能没听说过这个词，很怪，怪怪的。它也是一种初级阶段上的舆论引导，就是外部记者进来了，我不能撒开了让你到处乱跑对吧？我可以组织你去采访，可以在全国，在我可掌控的范围内设置一些点，比较好的、有正面效应、宣传效应的，然后把这些点连起来形成一条线，要对这条线上的这些所有管媒体的、或者说管宣传的官员，进行信息传播和危机应对意识的培训。所以我又受国新办的委托，组织了六讲内容，其中四讲针对官员，还有两讲是我和清华的一位教授共同分担。我讲的就是危机传播，碰到了危机以后，怎么样通过媒体进行正确有效的传播。我讲的同时，也提出了我自己的看法，当然我们国家很多事情都是先有后好，有总比没有强，但是你单纯弄线上的行吗？够吗？外国记者来了，你已经把对他的限制都取消了，你知道他会往哪儿跑啊，万一不在这个线上采访怎么办？所以我当时提出"全民培训"的理念。实际上我们后来也就是朝着全员培训的方向去拓展。很多事实也说明了，我那个估计没有错。

　　比如说有一次国新办组织这些外国记者去采访灾后重建，大轿车拉着各个国家的记者就开始向采访点进发。在路上就有两个日本记者远远看见边上有个大烟囱。当时是因为他们没有其他的交通工具，只能跟着走。我们的这个带队的人就讲那边是灾后重建，其实它就是污染没有治理。这么一打马虎眼就过去了，我就想万一呢，万一他们自己有交通工具可以接近那个目标，你不就是失控了嘛？那么你怎么对待媒体，你怎么去讲，仍然是问题。狗咬人不是新闻，人咬狗才是新闻是吧。正常的东西不是新闻，只有一些新奇的、刺激的、反常的东西才有新闻，才是新闻。尤其冲突，况且对中国，美国人印象中的中国，什么人权问题、污染问题，那是涉华报道的最基本的问题单,在这个问题单前几位的,关键词永远是这些。什么时候一出现敏感的问题,都不用一两天,一分钟就回到这个问题单上来。排在前面的是什么呢？人权问题、西藏问题、台湾问题和污染等这些。

中华人民共和国成立以后,我们就有主管外宣,专司外宣职能的对外传播媒体,叫外宣媒体,也叫六大外宣媒体或者几大外宣媒体,对外传播,外宣的事情就是由他们来全权负责,跟其他的媒体没有关系。但是现在不是没有关系了,不管你意识到没有,你愿不愿意,我跟你就是有关系。就跟微博一样,不管你意识到没有,跟你就是有关系。所以跟中国政府信息开放的步伐伴随着,因为有了这样一些东西,中国对外信息传播就逐渐摆脱了外宣媒体主导的单一模式,不再是一枝独秀了,不再是就只有外宣媒体才有承担对外传播的职责,而具有多样化的特征。我们看看这个多样化的特征有哪些？我想如果把基于中国信息源的对内媒体、对外媒体（很奇怪,我们都是内外有别,这样的区分将来可能越来越淡化,但是现在有）都看作一个整体的话,这个整体就包括了这样的部分：中国外宣媒体的对外信息传播,中国其他媒体的对外信息传播,外国媒体基于中国信息源的信息传播,外国媒体对中国媒体信息的二次传播,外国媒体对中国网络信息的二次传播。现在渠道扩宽了,主体增加了,这都跟我们国家的信息源的开放、中国政府政策的变化有直接关系。中国外宣媒体对外信息传播现在还有"外宣媒体"这样的称呼,如中央电视台的第四频道、第九频道,还有国际台、《中国日报》等这样的一些外宣媒体,它们还是基础性的一部分。

最近这些年,我们国家对媒体建设也非常重视,有很大力度的投入。前段时间听说,要对外宣媒体投入450个亿,外宣媒体都欢呼雀跃,结果后来说没那么多钱,但也是投了不少钱。我听说,这些外宣媒体或多或少都拿到了一两个亿,有的拿到一个亿,有的拿到两个亿,有的四五个亿,然后就开始编织自己的伟大计划,如何跟国际媒体接轨。中国其他媒体的对外传播,是不是指外宣媒体以外的中国媒体？实际上2008年奥运会为中国的所有媒体,包括外宣媒体也包括中国内部的媒体,提供了一个大舞台、大平台,我们都可以去利用这个平台去传播中国的声音,去塑造中国的形象。所以那个时候内外分别已经不是那么清晰了，国内的媒体，如《北京日报》《北京晚报》照样可以在这个平台上面对外国公众去传播、传递中国的声音，去传播中国的思想文化价值观等等。也由于我们在自家门口出色地完成了外宣任务，所以奥运会以后我们国内的一大变化是，部门外宣的概念开始淡化，包括外宣媒体的这个概念开始淡化，整体外宣，就是从整体战略的角度出发的外宣的概念开始增强了。我们对西方媒体解禁以后，西方媒体大量涌入，最开始就是2007年，2007年10月我们就召开了十七大。十七大实际上是中国政府对外信息开放的第一次大型演练，当时有来自40多个国家的一千多名记者，那是我们第一次面对这么多外国记者，后来又是两会，外国来采访中国两会的记者创历史新高，然后就是北京奥运会，通过各种途径各种方式注册、没注册进入中国的外国记者三万多人，一下来了这么多记者。

当然我们在经过一段时间的培训，经过一段时间的经验积累后，在信息传播方面已经建立了一套比较完善的体制制度，比如说信息发布、新闻发布的一个体系。奥运会的时候有三个新闻中心：奥运会主新闻中心、国际广播中心以及北京国际新闻中心。前两个新闻中心在奥运村里面，后一个在奥运村外面。前两个为所有注册的外国记者提供服务，后一个是为注册和没注册的所有外国记者提供服务。我要说的是外面这个，它的信息发布活动或者说新闻发布安排得非常紧凑，是制度化的管理。比如每天上午十点钟开始，可能王磊（他是做新闻发布，英语非常好，经常是操着流利的英语去面对外国记者）接受外国记者的提问，然后下午，比如两点钟开始，是北京市的一位新闻发言人发言。北京市有若干位新闻发言人，轮流来做。如果遇到特殊情况、紧急情况怎么办？国务院新闻办就做了很周密的安排，如果遇到危机情况出现是谁去说等，而且除了这个口头的信息发布之外，文字上做了非常充分的准备，文字材料多。并且吃得特别好，把快餐好伦哥整个地就搬到了中心里面，菜式、菜品很丰富，价钱特别便宜，好像吃一顿才一美元。当然中国人不允许吃，是对外国记者的。

所以在那两个中心的外国记者，他们采访完奥运赛事之后都赶到外室这里来，一方面要点文字信息，听一听新闻发布同时也吃一顿饭，特别高兴，都是人嘛。后来奥运会结束以后，我看到路透社的一篇电讯稿非常有意思，非常满意中国奥运会期间中国政府的信息服务，说奥运会有三多，第一咨询多，第二班车多，第三食品饮料多。后来郭卫民，就是国务院新闻办副主任，又总结出来，说就让他们吃好、住好、服务到家也是一种舆论引导，我觉得这个是在进步。的确如此，同时也是很有道理的。

外国媒体也开始了对中国媒体信息的二次传播，二次传播就是转载、转播。正如我前边所讲，以前都是发展中国家跟着发达国家去转载、转播它们的信息内容，因为我们是处在国际新闻传播的边缘状态，只有它们在中心的位置。在2008年"5·12"地震当中，我们第一次有了这样的情形，出现了这样的情形和可能性。在"5·12"汶川大地震中，因为中国政府采取了控制开放信息源的做法，加上国内媒体的快速反应，还有24小时不间断的新闻报道，我们国家媒体发布的信息和设置的议程，被包括西方媒体在内的世界各国传媒所转载、转播。我们看美联社、路透社、法新社、CNN、BBC等，都在第一时间援引了新华社的电讯和中央电视台播发的消息。这个真是太让人振奋了，当然也是我们做得好。我刚刚讲，大家都知道，以往即使信息源用你的，也会加上自己的解读、分析，最后是批判你，基本上是这样。这次它可是原封不动的，而这种情况是不多见的，这使我们获得了一种可能性：通过良好的信息管理和组织，我们可能变成主体性、主导性的信息源。只要我们这方面管理好了，我们就有这种可能性，就看你怎么做了。

国外媒体对中国网络信息的传播，刚才已经讲到，是外媒引用中国互联网的信息内容，特别是微博言论而形成的新闻传播，从目前的情况看，以微博为直接信息源的新闻报道和评论，在国外媒体上有种增加的趋势。这个态势很明显。上面由信息源开放所带来的，中国对外传播信息流动结构的变化，是一个渐进性的过程。但是我们发现，此情况在2008年得到了集中的体现。因为2008年我们举办了奥运会，并且它会对中国今后的对外传播产生深刻的影响。那么这种变化，我们要从两方面看。一方面呢，它为中国信息的国际传播开辟了更多的渠道，提供了更大的舞台，中国也就是从这个时间起，可以开始由国际传播的边缘状态向中心挺进。另一方面,信息源的对外开放,意味着信息独占权的部分消解,原来是有垄断的,我们对我们自己的新闻是主体性的信息;我们同时也是主导性的信息源,没有外国记者跟我们争,跟我们在同一个平台上竞技,2008年以后就开始有了,这也使中国媒体面临着前所未有的挑战和竞争压力,这个是可想而知的。我自己分析,第一信息源的开放,虽然能够有效防止因信道不畅而造成的讹传现象的发生,我们不给他信息的时候他不接近信息源,他只能是以讹传讹,其他消息他就会信,却不能改变外媒记者的意识形态和利益诉求,这些东西都是相对固化的,以及在此基础上形成的对中国的误解与偏见。从中华人民共和国成立之日起,西方世界,西方媒体对于我们的政治制度、思想价值体系就从来没有认同过,如果认同了,不是他变就是我们变了。这个都不太有可能,所以这一点,就是一个相对比较固化的东西。当然西方媒体,它也强调客观真实的报道,有专业精神这方面的要求。它们老是报道那些失实的东西,最后人家也就不认可了,所以它可以针对一些具体的事情,可以如实报道。但你做得好了,它也不吝赞美之词,像对我们志愿者,奥运会志愿者的赞美。当然他也有一些酸溜溜的东西,比如讲中国是发展中国家,第三世界国家,又讲中国的经济状况怎么样,最后再评价一句话又说什么,后来我们回头一看,真正的发展中国家原来是美国。像这种的话你大可不必相信,随便说就说,这没什么。当然还有在两国的利益的问题上,谁也不会让步,如美国对中国台湾地区军售,中国政府提出抗议,那中国台湾地区的媒体也好,美国的媒体也好,中国大陆的媒体也好,都会站在自己这一边的立场上来说话,谁也不会错位。这一点也是不太可能变化的,所以这个要全面地来看。

信息源对外开放,媒体虽然获得了和国际媒体同台竞技全面提升的机会,同时也在一定程度上失去了信息源头上的优势,我刚才说国外媒体反向二次传播,是增加涉华报道和数量的有效渠道,但是如果信息源管理出现问题,我们可能就是不如实的报道。如果去搞什么信息封锁,不能连续地发布信息,这个渠道就起不了作用,反而会产生负作用。还有微博信息,它虽然可能使外国媒体对华报道的视角可以广泛地延伸,来弥补传统媒体信息源的不足。但是因为微博所具有的言论自主性和在此基础上形成的反常规、反传统，甚至于反政府的倾向，只要经过外媒的传播，就会把中国的社会矛盾暴露在外。也会引起更多的竞争对手和敌对方的注意，对信息安全、社会安全造成不利影响，这也是客观存在的。已经有一些国家出现这种情况，在这些国家中得到了验证。比如说，近年的突尼斯、埃及、利比亚，实际上还有摩尔多拉、伊朗等，因为大选引发的政治骚乱。在这些骚乱、动荡当中，组织者都是在使用微博作为他的一个平台，facebook 和 twitter 都是在做这些。

第三个是中国外宣存在的问题。形势在不断地发展，包括我们这个传媒的生态和科技都在发生变化。我们国家也是处在一种不断地转型变化的过程当中，国家相应的对外传播的战略也在做一些调整。从 2008 年开始中央就提出外宣的一个新的课题，要求抢占先机，赢得话语权，掌握主动权，提高舆论引导能力和国际传播能力，这些屡屡见诸报端，大家经常提到，耳熟能详。中央主管宣传的政治局常委李长春，还有前中宣部部长刘云山，都在不同场合强调，今后的宣传工作要向国内与国际并重转变。国内与国际并重，在这样的战略指引下，中央各大媒体开始行动起来，都在招兵买马，都在扩充实力。新华社开设多种文字的网络新闻视频，中、英、法、西、俄等都开了，中央电视台也增设了一些新闻频道、俄语频道、阿拉伯语频道等，要在三年之内，争取实现 7 种语言、11 个频道的国际化布局。《人民日报》也加大投入力度，2009 年《环球时报》开设了英文版，我在好几个场合碰见《中国日报》的主编和《环球时报》的英文版的主编在一起。大家都是经常拌嘴说，既生瑜何生亮，大意是我们自己都竞争起来了，但是好事，有竞争毕竟是好事，改变了过去英文媒体在我们中国大陆一枝独秀的状态。这个过程还在继续推进，包括前边我说国家已经出巨资来支持我们对外传播事业，而且也有一些人才培养的新规划。所以今年夏天，我把我自己的、跨学科人才培养计划的 10 个学生，直接就带到外国媒体去了。我觉得就说是两方对垒，你也得了解敌人对不对？你连碰都没碰到人家，你怎么去扩大阵地，去争取话语权？

总之，都在做着这样的事情，也取得了实际的进展。这是一种新的气象，我在这里特别提一下这个事情，我们听说新华社欧洲总分社，在前段时间提出了一个阵地前移的战略,扩大阵地,建设一流的国际性新华社、国际性的媒体。对外,它主要是搞了叫海外阵地总体布局。这个布局,就是以驻外总分社为中心,以大分社为主干,以次区域重点分社为依托,以其他各种分社为前沿的海外阵地总体布局。大家一听这就会觉得声势浩大,它现在还没有达到。所以同学们,你们如果要是想将来投身到这个领域,现在有着巨大的市场,巨大的空间。它现在就是要往外派人,现在的难题是没有合适的人,现在我们是在供不应求的状态。

我对新华社提出的这个阵地前移的战略非常感兴趣,就此我事先就跟他们在布鲁塞尔的欧洲总分社联系了一下。我说我想去考察一下,他们说正好,我们想请你来给我们做一个讲座。正好我带学生去英国的威斯敏斯特大学去上暑期课程,顺便去 BBC 等这些地方去实习。我就从那儿去布鲁塞尔,在他们那儿做了一次讲座。利用这个机会,我也就采访了这位欧洲总分社社长德江。我说:"你给讲讲你们作为新华社阵地前移战略的欧洲桥头堡,是什么意思?"他就讲,阵地前移包括三个前移,编辑部前移、营销前移和终端前移。这里,我得给在座的大家介绍一下。所谓编辑部前移,是指在海外打造若干个区域性的新华社。那又需要人了,咱们现在没那么多人,把驻外总分社、大分社建成具有一定独立性和较强辐射力的,重要区域性现代媒体实体机构。这方面他们也确实做着一些转变,而且他们那儿跟我们国内又不一样,它是一种全媒体的编辑部。所谓营销前移,是不与驻外总分社、大分社相捆绑,营销方面有自主权等。终端前移,这方面是指建设新华社自己的终端,包括报刊、电视台图片库和其他的媒体终端;必要的时候在海外进行收购兼并,完善海外新闻信息采集网络。我去的时候,正好赶上挪威的枪击爆炸事件,他们社长江源正在整个欧洲新华社的分社范围内调兵遣将。因为人不够了,他就让附近的去登岛,去带一些设备,用什么工具等,还增加了一些切身的感受。这些都在推进,但是我想,从中国外宣的整体情况看,还存在一些问题。这些问题是需要我们认真对待,具体解决的。所以在此,我想以需要的话语方式来表达。

当然还需要很多,但是因为时间的关系,我就把最重要的三个需要讲一下。第一,需要制定整体性的对外传播策略,需要科学的、集约化的操作规程，需要更加优秀的内容产品，这每一个都很重要。首先是需要制定整体性的对外传播策略。这首先是一个管理体制的问题，我们在这方面还有一些欠缺，十七届六中全会已经制定了从现在一直到2020年的文化强国的目标，它在这一段时间内一定会涉及这个问题，即目前我们国家行使对外传播职能或者有这方面使命的政府管理部门太多了，非常多，像外交部、外联部、外经贸部、文化部、国务院新闻办、外文局等，他们都在做着相同的事儿或者说大致相同的事情，比如说举办大型图书展、摄影展、产品展，举办演出活动、学术研讨会等，局部活动也有一定的收效。但是它们大部分是各自为战，缺乏彼此的呼应，整体上缺乏协调和管理，这导致了整体效益的分散化和弱化的问题，同时也容易造成资源的浪费。

所以我想，从中央政府的角度来讲，应当去进一步整合资源，应当有一个对外传播的整体战略和阶段性的实施目标，在这个总体战略和目标之下制定各外宣部门具体的实施计划来保证部分和整体产生合力，才能够达到更好的效果。当然我们国家现在讲文化强国，相信会有一个很大的调整。韩流可能大家觉得已经OUT了，已经是过去的事情，但是我想在这举一个例子，来说明问题。从1999年到2001年，短短的三年甚至可能还不到三年的时间，忽如一夜春风来，突然间代表韩国大众流行文化的韩流，一举就进占了中国的娱乐文化市场，韩流主打的产品是电影、电视剧、游戏。韩流可是不得了，它为韩国赚取了大笔的外汇，更是为韩国国家形象的提升立下了汗马功劳，韩国真是受益匪浅。紧接着，韩流带动了韩国的旅游热，带动了韩国化妆品的热销，带动了韩国的整容热。多少人都跑到韩国去整容，听说也有男性去整容。然后又带动了韩国服装和饮食业的出口，还带动了韩国的家电、汽车、手机、电脑及IT产品的热销。韩流是自然形成的吗？不是，韩流不是自然形成的，而是精心打造的，是政府在背后力推的。1997年亚洲金融风暴，韩国经济在那次亚洲金融危机中受到了重创。当时韩国政府就认识到不能仅靠重工业发展来支撑经济，还要通过知识性产业、文化产业来提升国家的竞争力，所以就成立了文化产业专责机构，并且以进入国际市场为目标。1998年韩国正式提出了文化立国的方针，同时还设立很多机构来推广韩国文化，保证韩流的普及，保证韩流不断流。为此，先后在首尔建立了韩流发祥原地，在北京、上海等地建设韩流体验馆，还有亚洲文化交流协会，他们对出口的文化内容严把质量关，防止因为出口劣质文化产品而降低外界对韩流文化产品的评价。安在旭这些演员都是经过精心挑选和培养的。韩国的影视作品，男的那么帅，女的那么美，貌若天仙。但是如果你去首尔就看不到那么多的帅哥、美女。这是经过这种培植、培育来作为一种文化产品高调推出的。这些给韩国的经济、国家形象等各方面带来了实实在在的好处。当然我们的文化强国目标也在一步一步地往前推进，往前走，我觉得这些东西它现在都会涉及。

第二是需要科学的集约化操作规程。我们的外宣活动开展了这么多年，也有一些成效，或者说局部的效益是显而易见的，正不断地展开。但是，就我本人观察而言，我觉得我们目前的外宣工作还是比较粗放，一些活动缺乏事先的论证和事后的科学评估。拿媒体来讲，我们通常以媒体上星落地海外的覆盖率为绩效指标，而具体的接受指标和效率指标却是个未知数，满意度的指标等就不用说了，这好像不是特别受关注。还有拿我们涉外的有一些大型活动来讲，我们总是说，我们开展了很多大型外宣活动，比如"中国文化美国行"，"中国文化法国行"，"感知中国、韩国行"大型活动等。然后，每一次我们都能看到媒体的报道说，这个事情取得了非常好的成效，达到了目标，取得了非常大的成绩。我以前就非常信，但是，当我自己有机会跟着这些团体出去以后，我才发现原来不是这样，那些都是纸面上的东西。一次大型展览活动真的有多少人看？像这样一些数字的指标没人去关心。但是这些钱要花掉，要对上级有个交代，年中开展的这项活动，年末你得有交代，所以它只是在总结报告上体现出来的成就。我们要注意到这个问题，中国的外宣效果问题是非常重要的一个问题，需要建立起效果测评体系。

我本人这些年越来越注重这方面的研究，前段时间也出了一本书叫《对外传播及其效果研究》，我们现在外宣成就指标都在往上涨，那为什么我们还经常能看到美国人印象中的有关中国的一些报道？这里面不是很矛盾吗？所以我就提一个问题，是不是那些在概念层面和数字意义上，已经落地入户覆盖全球的信息、信号没有真正落地？当然这个需要调查研究，需要一系列科学数字来证实，这个问题应该是未来一段时间我们外宣领域着重要考虑的。

在传播学研究中也有一个线性模式叫拉斯韦尔模式，它呈现了信息由传播媒体经由媒介向受众传播的过程。这个线性模式容易给人一种印象：传播者是信息传播的起点。为了强调效果研究的重要性，我把它做了一个改造，把它给圈起来了，形成一个环形模式。这样一来传播者就不是起点了，把什么放在最上边呢？把重要的地方让给了效果，也就是说前一次的传播活动、宣传活动怎么样都得有效果评估。哪儿做得不好，为下一次提供一些依据，下一次如何改善等。环形模式的意义在于，它提示我们的对外传播管理机构和媒体，要更加重视受众，更加重视效果。

最后，外宣需要更加优秀的内容产品。这个问题简单地讲，也涉及两个层面：宏观层面和微观层面。所谓宏观层面就是，如何更好地向世界说明中国的问题，这是整体性的传播内容问题。大家都知道，尽管最近这些年中国高速发展，这个国外也是认可的、承认的。尽管中国成功地举办了第29届奥运会，但是国际上一些西方媒体，对中国的认知和评价还停留在十几年甚至几十年前的几种定格思维，对中国的误解和偏见也都是普遍存在着的。比如对中国快速发展战略的曲解和在这个基础上形成的中国威胁论等，又如此起彼伏的中国威胁论。中国领导人提出了和平发展的命题，表示中国绝不称霸。但实践证明，所有的担忧和恐惧，不是这样的一种解释就能消除的。我在外面开会的时候，有的时候也碰到一些老外，他们说的一些话就特别形象。有的就说过去这个世界上，尤其西方，我们不太了解中国，你的制度又跟大家不一样，有点异端，然后就像突然背后有一个怪物向你走来，他踏着很快的步子，很沉重地向你走来，能不害怕吗？

所以我就想到，我们仅仅从战略层面上强调和平发展以及中国绝不称霸等理念是不够的，我们还要通过各种途径和方法，提供支撑这种理念的历史依据和现实的故事来减轻或者消除这种担忧和恐惧。这个就涉及如何向世界更好地说明中国的问题。我们现在都在讲，中国国家形象塑造，国家形象建构，拍了国家形象片，国家形象片中有好多名人在那儿站着。有人讲，这个寓意是，中国人从此站起来了。我前段时间接受中国香港的一个杂志记者采访就讲到,中国国家形象塑造,似乎也要具有一定的针对性。因为现在世界上有很多国家、很多民众对中国了解还不够充分,对中国的误解和偏见仍普遍存在,中国威胁论不绝于耳。处在这种情况下,我觉得还应该着力突出国家形象的亲和力和亲近感,从中华文化的宝库中挖掘那些与世界文化相融通的部分,以情动人,引起大家的共鸣。所以我觉得,就是说你站那有气势固然好,但是反映老百姓日常的生活,或者从日常生活中截取一些片断,展示出来也能代表中国形象。我记得曾在自己的新浪微博上有感而发写了一段,我想把中国人大年三十回家过年的这种情景,拍制成一个侧面的中国国家形象片是不是可以呢?中国人都有亲情、家庭观念,无论路途有多遥远,多么艰辛都要赶回家去过年,拎着大包小包,包里装着给父母买的保暖内衣,给妻子买的擦手油,给孩子买的糖果、点心。中国人重亲情,重友情,有情谊等这些不都在这一路中表现出来了嘛?而且,这是不是可以给大家传达两个观念呢?第一,子不嫌母丑,狗不嫌家贫,我们家再怎么样都是我们温暖的港湾,最暖和的窝,我们这窝是神圣的啊!我们不允许别人侵犯,同时你们国家再好我们也不稀罕,我们就是觉得我们的家好。所以我们对人不具有侵犯性、侵略性。中国不具有中国威胁的传统文化理念。

  我记得我在微博上发了言以后好多人评论转发,大家说可以拍可以拍。但是也有好多人说春节期间这车票太难买了。微观层面再讲几句啊,这就是文化传统的问题让人想到这个。好莱坞梦工厂年度大作《功夫熊猫2》在中国上映的时候,和它同时出现的是一股抵制它的风潮。抵制的理由是什么呢?是好莱坞披着中国文化的外衣赚中国人的钱,这是美国人对中国的一种文化侵略。大家多少都听到过这样的一种说法,也不是第一次这样议论了。2008年那个时候就出现过一次,那么根据媒体上的信息,2008年《功夫熊猫》在中国上映的时候一举拿下了多少呢?两亿人民币的票房。《功夫熊猫2》上影的第一天票房超过了6000万,那这里头就出现问题了。为什么国人对来自美国的,来自外国的这种文化侵略来者不拒呢?这背后是不是隐含着值得我们深入思考的问题呢?传播学里头有一个非常简单的道理,就是传播者所传递信息的内容和受传者的知识经验,它们重合、重叠的范围越大，传播效果就越好。《功夫熊猫》的成功，实际上用的就是这个理。我们自己的影视产品我们看到觉得过瘾，这也是一样的道理。我们看到介绍，为了制作出符合中国口味的影片，《功夫熊猫》的主创人员，用了八年时间来了解、研究中国文化，包括研究中国香港的功夫片和北京奥运会开幕式的艺术体操，到中国各个地方去采风，走访北京、山西平遥、四川成都，还有河南少林寺等地，把大量中国文化的元素融在这个影片里，为中国观众营造一个他们仿佛置身其中的熟悉环境，再加上主创人员的构思，精准的定位，高科技的制作合成及营销，能赚取高票房实际上不足为奇。

那么反过来看一下，我们国家的文化产品出口就不是如此了。原因是多方面的，问题之一就出在传播内容和受众知识经验的重合度上。清华大学有个博士生，我参加了他的论文答辩，对他的论文产生了浓厚的兴趣。他的题目就叫《中国电视的海外市场进入模式——基于节目出口的研究》，他提供了很好的佐证。他经过调研编制了一个国产电视节目海外发行区域的列表。从这个列表中我们可以发现，国产完成片的境外播出地绝大部分是中华文化圈，或者是中华文化影响圈，我们是这样一种情况，非华语文化圈很少进入。从他论文提供的资料中我们可以看到，中华文化圈和中华文化影响圈，我们之所以能够进入，其优势是天然形成的。我们自己还非常引以为傲的是，我们的拍摄场地、拍摄场景实景多，其他国家拍不过我们，所以，我们在这方面非常有自信。凭借着这种天然优势，很多国内的制片人不会去重视海外销售。一部电视片只有在制作出来以后他才去考虑能不能向外去销售，是这样的思路。在剧本和制作当中没有针对性，没有在融合海外市场元素方面做特别的工作。即便是销往中华文化圈和中华文化影响圈的那些作品也不例外。至于效果如何呢，就由它去吧，好就好了，不好就不好了，反正也掌握不了，起码这些实景你没有，就仗着这样的一个优势。

非华语文化圈中，中国电视节目的出口问题就更大一些。中国这些电视片，特别是历史人文题材的纪录片，在欧美国家还是相当受欢迎的。他们非常感兴趣，希望看到这是一个好的基础性的东西。但是这类电视片出售以后，都有一个共同的特点，就是说，它不能以它初始的那种状态去播出，它要被别人改造，改造完了以后，制作以后再重新播出，都要经过这样一个环节。比如说《故宫》，这个十二集的历史题材纪录片被美国国家地理杂志买下来了，这个频道对它进行了改造，淡化了它原来的一些内容要素，包括它的建筑艺术、馆藏文物、历史变迁，改为以这座建筑物里曾经鲜活的人物具有神秘色彩的生活为聚焦点，然后请曾经在奥斯卡获奖影片《末代皇帝》里演婉容皇后的陈冲来充当影片的故事讲述人，把名字由《故宫》改成《解密紫禁城》，在全球164个国家播出。类似的改编还包括《郑和下西洋》。他们是很欢迎这类题材的。德国ZDF电视台买下《郑和下西洋》以后，就安排下属制作公司的签约导演重新改造，要求每隔三五分钟就要有一个兴奋点，这样就更加贴近英语观众，符合他们的接受心理，强化了片子对欧美观众的吸引力。我们想，如果外国的电视机构没有对原片进行了适应当地受众收视习惯的改造制作，中国电视片进入非华语文化圈的数量肯定会更少，的确存在这个问题。

如此，我就想到文化帝国主义的问题。这个文化帝国主义也好，文化侵略也好，它是一种宏大蓄势，而我们面对的却是非常具体的问题。这些事实告诉我们，中国文化产品的出口不排除有来自于帝国主义的遏制、帝国主义的侵略，但是也的确存在我们自己走不出去的尴尬。这方面我们还是有很大的提升空间，它反映的是我们的制作群体在受众定位、内容创作、市场运作、专业化水准等方面所存在的问题。微观层面还要补充一点，在目前的中国，我刚才讲内和外的界限基本消失了。也就是说，什么内媒、外媒这都已经是过去了，我们内部的报道都有可能被西方媒体，被世界各国的媒体注意到，它们也在围观我们，它们也在把我们作为一个重要的信息源加以引用。从这个意义上讲，内媒也构成了对外传播的一部分。但是从目前的情况来看我们很多内部媒体没有意识到这一点，所传播的信息，尤其是对外信息还是非常模糊甚至是混乱的、相互矛盾的。这方面将来一定要注意到，我也会注意到，如果同学们有意将来从事这方面工作的话，那你们就要努力，任重而道远。

最后，对我讲的内容做一个小结。中国的快速发展，中国信息源的对外开放，使我们面临着更为复杂的国际舆论环境，中国的对外传播也将在更大的信息平台上接受检验，对中国政府、媒体来说，这是一个前所未有的挑战。为此，需要了解国际传播的普遍规律和要求，掌握国际传播的技术技巧，发掘中华文化中的优秀资源，以整体性的外宣战略、专业性的运作规程以及丰富的传播内容，赢得国际话语权，获得竞争优势。

第六讲

关于"自我"的哲学、心理学和神经科学思考

■ 韩世辉

主讲人介绍：韩世辉

北京大学心理学系教授，认知神经科学教研室主任。2013年被聘为北京大学McGovern脑研究所研究员。2015年被聘为教育部长江学者奖励计划特聘教授。2003年获得国家杰出青年基金，2004年获第八届中国青年科技奖，2006年获中国高等学校科学技术奖（自然科学奖）二等奖。主持完成国家科技部重大基础研究前期专项，国家基金委重点项目、重大国际合作项目和973项目子课题。目前主要研究感觉经验、文化经验、社会组群关系和基因如何影响人类的社会认知（包括自我面孔识别、自我参照加工、痛觉共情、死亡意识等）及神经机制。

内容介绍:"自我"是人类思想的核心内容之一。哲学家对自我的存在和内容有很多思考和命题。心理学家对自我的认知机制做了大量实验研究,发现人在一定社会和文化环境下的普遍和特异的自我加工过程。近年来,认知神经科学家也试图发现人类大脑中自我加工的神经机制及其社会和文化属性。本讲将介绍在哲学、心理学和神经科学领域,人类的自我概念及其加工机制的研究和观点,探讨这些研究结果和观点与每个人生活的关系和影响。

我之所以选择这个题目来跟大家交流、探讨,一方面是因为它跟我们做的研究有关,另一方面是源于几年前,我老师给我推荐的美国所罗门教授《大问题》这本哲学书中提到的"自我"。所罗门教授在书中列举了很多大问题,这些大问题是对每个人都很重要的哲学问题,其中一个主题就是"自我",此外还有诸如什么是真理、什么是好坏等。我当时看完那本书后就觉得"自我"是个很重要的问题,而近几年,我们做的研究又恰恰是结合神经科学,针对"自我"的研究。所以,今天非常高兴有机会来跟大家分享一下。

首先是哲学。因为"自我"被公认为是哲学问题,我们心理学领域的老师来研究这一问题的话,自然就有人会怀疑我们能否胜任这样的研究。所以在跟大家交流的时候,我可能会谈到一些有关科研如何选题方面的问题。大家应该都见过不少心理学的实验,比如网上的各种心理测试,测你的男朋友、女朋友、运程、性格等。那在我们今天讲座内容正式开始之前,也来做一个小小的实验。现在,请在座的同学坐直后靠到椅子上,然后把一件东西,比如笔、手机等,放在你前面的桌子上,让它正对着你,接着把你的手放到腿上,听我的指令。首先,请用你的右手食指指一下你的鼻子,然后放下;其次,再用你的右手指一下你刚才放在桌子上的东西,然后放下。到此,我们的实验就结束了。而我要问大家一个问题:在上述动作中,有多少同学指错了?几乎没有!这其实就是一个关于"自我"的小实验。在每个人的脑中,当我说请用你的右手食指指你的鼻子时,那个"我"的概念都一样,没有人会用错。这其实就是一个"自我"的概念,也即"自我"是确定存在的。但"自我"到底是什么意思呢?它又有怎样的深层含义呢？从心理学角度来讲，这就是我们怎么认识"自我"，什么叫"自我"的问题。你说"自我"是什么意思呢？"自我"有哪些特质、哪些特征？我们认识了哪些东西？更进一步讲，我们想知道的是大脑怎么知道"自我"的？我们大脑怎么思考"自我"的？所以，我想就此把自己的一些思考和大家交流一下。当然，至于说有没有道理你们自己去思考，我只是告诉大家，我们现在正在做的一些工作。

如果说人是可以思考的动物，每天你睡觉前躺在床上的时候，会想什么呢？如果不是直接想自己的话，很多也都是跟自己有关系的。我们在座的有些同学可能会想我为什么要到北大来受几年苦，我毕业之后要干什么去，然后我明天要做什么，明年要做什么，就是大家可能想的自己的事情。人的思想最主要的内容之一可能就是跟"自我"有关的东西。也许这里面我们同学会说，我不是，我就不想自己，我就想遥远的星球，那个是由什么构成的。当然你有可能是物理学家，是天文学家，但是，我觉得多数人想的还是跟自己有关的，这个大家也许会赞同。那么还有一个我想说的就是"自我"这个概念可以说提供了一个我们直接知觉这个世界的一个理论框架。举个例子，当我说请大家看左边的屏幕的时候，可能多数人甚至绝大多数人都会用自己作为一个参照系，很少有人去用我的参照系来看，我说左，其实说的是你看我的左边，所以从知觉来讲，"自我"提供了一个框架。在 20 世纪 60 年代的时候，有一个搞视觉研究的人，叫吉普森，他看见飞机落地的时候，周围的东西会飞速后退，就是光会往回流动。他就研究我们怎么去理解这个世界，把这个世界周围的环境做一个参照，他提出了一个看法，我们的视觉实际上提供了一个重要的加工内容，就是什么是"我"和什么是"非我"。你每天醒来的时候，看到的东西里边有一个重要的内容，你是很清楚的，这个是"我"，那个不是"我"，这是我们很重要的一个信息加工源。那么我们人要不要有一个"自我"的概念，至少要知道我是谁？可能平时大家不太注意这个，不一定想这个东西。但当你生活中有重大事件的时候，可能就会思考这样的问题。

美国有一个电影叫《楚门的世界》，这个故事其实好多同学应该看过他讲的是一个叫楚门的人的故事。他从小被一个导演放到一个岛上，这个导演造了一个好莱坞的演播室。楚门所有的生活都在这个环境里边，他从小上学交的朋友，他长大交的女朋友，他结婚的妻子，都是演员来扮演的。他的生活被电视节目24小时直播，很多人就在这个岛的外面看这个人的生活，他自己不知道。但是这个电影开始很有意思，讲到这个人过着非常幸福的生活，他每天高高兴兴的，因为他有很好的朋友、有太太、有很好的工作。后来他发现不对，觉得自己的生活有点问题。最后他知道这个不是真实的世界，而是被导演造出来的世界的时候，他很痛苦，所以他想跑。从这个岛上坐着船离开的时候，正好碰到那个影棚的墙壁，就出不去了。然后他又发现另外一个门，他往门的那个方向走，走到门的时候，导演就要跟他讲话。在这种重大事件中，他最关心的问题是什么？我们看到他问了两个问题：Who are you? Who am I? 实际上，最主要的问题就是"我是谁"。这意味着即使一个人生活在一个很好的环境里，但是当你发现你不知道自己是谁的时候会很困惑。我们经常听说被领养的孩子，总会深刻地思考自己是谁，到底是谁。我想用这个例子讲"自我"的概念，"我是谁"这个问题很重要，对我们每个人来讲都很重要。

我们生活中，可能会碰到很多关于"自我"的问题。我简单列几个跟我们大家有关的，比如说，大家到北大来求学，你可能会觉得，到北大了，我会很与众不同，跟在别的地方是不一样的。包括你关于自己好的坏的评价，自己是不是会变化，跟别人的关系是什么，这些都是很重要的问题。可能对研究生而言，会思考马上要毕业了，我将来要做什么，我将来到底要过一个什么样的生活。更重要的问题是"为什么"。当你说我想要过这样的生活的时候，为什么要过这样的生活？这些问题我觉得很重要，会影响到你要做什么样的职业选择。

关于"自我"的哲学思考，有一个问题是哲学家经常考虑的：到底有没有一个不变的东西叫"自我"？比如我睡了一个觉，做了一个梦，一个很好的美梦，跟现在完全不同，但醒来之后，我还是我，我没有变，我没有真正开上好车、住上豪宅，梦醒来之后我依然还是我。所以大家可能会想，到底有没有一个东西叫作不变的，叫"自我"的东西。大家如果看一个人的表象、外表，年轻的时候，到老的时候，外表有多少东西还是原来那样，可能会觉得几乎是没有了，很难找到这种特征。如果说做一个实验，给你看一个人五岁的照片，看一个人七十岁的照片，让你去配对，哪一个人是哪一个人小的时候，我觉得这个正确率会很低。所以从身体来讲我们的变化是很大的。你每天都在新陈代谢，你吃的东西不断更新，你身体这个物质的东西也在不断变化。那有什么东西还被保留呢？

我再举一个例子。有的同学说自己实际上是挺内向的人，可是为了适应某种社会环境，需要穿上西装，表现得很开朗、很热情，然后你回来说我今天怎么了，我是我自己吗？我表现得好像不太像我自己。有人会有这个感觉吧？社会角色也会经常发生变化，每一个人这一辈子都会发生很大的变化，但是到底有没有哪个东西，我们说就是不变的"自我"呢？

那么哲学家怎么去思考这个问题？康德曾经说过："自我"不可能是一个实在的东西。为什么呢？他是这么想的，如果我们可以思考"自我"的话，一定有一个被思考的东西。这个被思考的东西，一定有一个东西来思考这个被思考的东西。大家想想这个逻辑里边有一个悖论，就是说，如果有"自我"这一个东西的话，那么它还会被"自我"来思考，那么思考"自我"的那个"自我"，又会被别的东西思考。所以不可能有一个实在的东西存在，叫"自我"的东西。他觉得那个"自我"可能不是一个实在的东西。英国的哲学家洛克也有他的独特的看法，他认为"自我"实际上就是记忆，就是 memory。你想象一下，如果早上起来突然失去了所有的记忆，你还是不是你了？我觉得有一定的道理。我现在想说我跟二十年前的"自我"如果还能有某种保持联系的东西，那记忆可能很重要。咱们北大的一个哲学家张世英教授综合了佛教和一些西方哲学家的看法，从关系的角度去寻找、定义什么叫"自我"。他说实际上我们大千世界里面存在一个很复杂的网络，我们每一个所谓的"自我"只是网上的一个结点，所以强调每一个人跟他人的关系。这是一些哲学家的思考。当然这里边不同的人会有不同的看法。

我提一个供大家思考的问题：对你来讲什么东西最重要？假设你今天

有很多财富，明天突然没有了，"自我"变了吗？记忆里边的东西如果突然之间没有了，你自己还会存在吗？大家可以去考虑一下，对"自我"到底哪个是最重要的？我觉得不同的人会有不同的看法。佛教中实际上对"自我"也有很独特的看法，就是说"自我"实际上就是一个错觉，是一个幻觉，是不存在的东西。你一旦讲"自我"的时候，就把自己跟外界分开了，这个分离本质是一个错误，是导致我们会感受到痛苦的一个原因。禅宗里面有一个形象的说法，说所谓的"自我"是什么呢？就像一池静水，有一个人从这边下水游泳，水面的涟漪就是所谓人一辈子的东西，那么人过去以后水又恢复了平静，"自我"的本质就是这样。当然，佛教对此有其独特的看法。

还有一个问题，如果哲学家来考虑有没有"自我"，那么他们会想，我怎么知道有没有"自我"？大家可能都知道笛卡儿有个著名的理论"我思故我在"。他认为，可能你一个人可以思考，这件事本身就是一个证据，就是说证明"我"是存在的，这是笛卡儿的看法。下面，我会给大家讲讲，心理学家在什么意义上来讲"自我"。

我们心理学研究的是每一个个体，研究每一个对象，参与实验的人叫受试者。那么我刚才做的实验，相当于大家都是我的受试者。你做这个实验的时候，我可以在一定层面上证明，每一个人都知道"自我"那个概念指的是什么，因为我说指鼻子的时候，你都指的是自己的鼻子，没有指到别人的鼻子上去。刚才说"自我"是存在的，因为刚才那个实验已经很好地证明了这一点。

还有一个关于"自我"的基本看法，就是说"自我"是好的，每个人都会认为自己在某种程度上、某种意义上是好的，这个好有时候听起来不是很理性。比方我问大家：如果你认为你的智商处在平均水平以下，会有多少人来赞同我的看法？我知道这个实验确实不好做。如果你让北京的司机自我评估一下驾驶技术在全北京的司机里面会处于什么样的位置，你会发现，有很多人都说自己会高于50%，是在平均水平之上的。这是很多次实验的结果。

心理学家威廉姆吉姆认为，我们之所以认为我们是好的，是有其原因的。他认为，一个"我"认为"我"是好的这种想法成为"我"自己要生存的一个基本理由。为什么要生存？因为我是好的。那么，还有哪些东西可以来证明这件事情呢？不知道大家有没有听说过内隐的联想测验？这是20世纪70年代，美国发明的一个实验方法，很简单，给你看"自我"和"他人"这两个词，你得用左手、右手按键去反应，然后还给你一些好的正面的形容词，比如勇敢和善良，给你一些负面的形容词，比如说吝啬、迟钝、愚蠢。最后让你做判断，实验发现如果让左手去对"自我"做反应，左手对正面的词语反应比较快，但是对负面的形容词反应会比较慢。因为是关于内隐的，我们把好的跟"自我"做了一种连接，所以反应会比较快，这是一个例子。

还有一个例子就是做"自我"面孔的实验。就是我们给被试者拍一些照片，比方拍他的脸是朝左的。然后做实验的时候我们就给被试者看被试者自己的照片和他/她一个熟悉的朋友的照片。任务很简单，就是让被试者判断朝左朝右，我们发现一个共同的特点就是，初试者对自己面孔的反应会比对朋友的快。这个是一个基本的发现，十个人中可能有九个人是这样，所以统计上就有明显的差别。

那么我们说这种对"自我"的快速的反应，可能反映了你对自己的某种正面的态度。你认为自己比较好，虽然不会跟朋友说，但骨子里面会觉得自己还不错。那你怎么检验这种反应式的差别呢？我们做个实验也很简单，做这个实验之前，我们让被试者去反思一下自己的缺点，给他看一些负面人格形容词，比方说迟钝、吝啬，问他们觉得这个词是否可以描述自己。当然这个时间不用长，三分钟就够了，之后再来做面孔实验，就会发现这个时候被试者对自己的反应比对朋友的反应慢了，明显发生变化。这就说明"自我"这个概念其实是可变的。不知道同学有没有这种类似的经历啊，如果读五年的PHD，到第一二年的时候就会反思，会找导师讨论自己适不适合做科研，会发生怀疑。一开始我还觉得是个案，后来我发现至少我们那个实验室的多数同学都有这种想法。而那种坚持说我就很棒，不管平时被拒几次还觉得自己很棒的人可能还比较少。

还有一个有意思的实验，这个实验想起来，我觉得是让导师比较惭愧的实验。导师把一个同学的"自我"照片和导师自己的照片放在一块,然后让同学去做反应,就发现他对"自我"的反应比对导师的反应慢了很多。我们找了二三十个同学来做这个实验。我发现至少心理系的同学很一致,大家都表现出,如果把你自己的照片跟导师放在一块的话,你对自己的反应就是比较慢。所以通过这个实验我也想说,大家每天对"自我"的这种看法,可能会随着你的社会环境、社会关系发生很大的变化,这不仅仅是对比较年轻的人,就是对年龄比较大的人也不例外。到四五十岁的时候,我感觉,当某时间我的论文总被拒的时候,真是心里很难受,真的会反思自己,到底自己行不行。我会反思对自己的看法,会有很多的变化,所以这种社会反馈(Social Feedback)对人的"自我"概念会有很大的影响。

我刚才讲记忆是"自我"一个很重要的部分,那么关于"自我"的记忆,心理学里有一个专门的词叫自传型记忆(Autobiographical Memory),或者叫"自我参照记忆""自我参照加工"等。我们有一个简单的实验,也是让被试者看一些人格的形容词,比如说善良、勇敢、健谈,然后问被试人:你觉得这些词可以描述你自己吗?这个叫"自我参照",对方可以说是或者不是。然后把其他形容词给他,然后问他:你觉得这个词可以描述另外一个人吗?比方说,你觉得可以描述刘翔吗?做完这个实验之后,我们拿一些被试者从来没见过的词,跟他见过的词放在一块问被试者:这词你见过没有?你就会发现对多数人来讲都是:当那个词是跟自己有关,是来描述自己的时候,会记得比较好;那个描述如果是针对别人的话,记得就比较差。所以我们用实验来证明了我们会对一些关于"自我"的信息有一些特殊的加工。我后面还会讲到大脑是怎么做的,这是一个关于"自我"的记忆问题。

关于"自我"还有一个论断,就是我们每个人的"自我"概念是多方面的。威廉姆吉姆在一百多年前就提出,我们关于"自我"的知识或者概念包括很多方面。比如物理方面的,你是一个肉体的人,你头发是黑的吗?你身高很高吗?还有社会角色。你在北大是研究生,那么回家之后呢,角色就会马上变,跟爸爸妈妈你不可能总觉得自己是研究生。我也是一样的,在北大当教授,回家跟家人在一起时,不会觉得我还是教授,只是觉得我是家里的成员之一。还有一个叫作"自我"人格的观念,就是说我们关于"自我"人格的概念。比方说,我是善良的吗?我是勇敢的吗?这个问题想想也的确是一个挺复杂的问题。譬如我要问一个同学觉得另外一个人怎么样,即使是判断比较熟悉的朋友,可能也不会反应得那么快。但是如果问自己,当我们做实验的时候,问每个被试者:你是勇敢的吗?你是善良的吗?大家一般都用不了一秒钟就可以回答。每个人都对自己有一个很清醒的认识。可能是错的,也可能是对的,但是你知道你会有这种概念。

关于"自我"的概念,研究里边还有一个很重要的问题,"自我"的概念在不同文化里边的差别。从二十世纪七八十年代开始,搞文化心理学设计的研究者们做了很多实验,收集和发现了很多证据。一个基本的看法就是,东方跟西方的"自我"概念是有很大差别的。实际上,不同文化下的人的行为是不一样的,背后的原因有很大一部分是"自我"的概念在里面起作用。基本上来讲,大家认为西方文化里强调的"自我"是一个自主的、独立的"自我"。每个人都有自己内在的品质,有自己的欲望,有自己的打算。你要做什么,很大程度上取决于你自己想要做什么。与它相对照,我们东方文化,包括中国、日本、韩国等国文化,比较强调关系,在很多情况下,我们会用跟别人的关系来证明自己。比如你现在到中国比较传统的农村去问一个人,让他用五句话描述他是谁的时候,可能里边有三四句讲是爸爸的儿子,是本村的村长,等等,会用这种那种关系来定位自己。而如果你用类似的问题去问西方人,他可能会说自己是一个勇敢的人,讲的是内在的品质。这种文化差别是有证据的。我不知道如果问在座的同学,有多少同学在考大学选志愿的时候,爸爸妈妈没有给你任何的"干预",是完全独立自己来选的,比如我就想学物理,不想学别的。我认识一个亲戚的小孩,这小孩特别喜欢英国文学,他爸爸说不要学那个,去学会计吧,会计好找工作,学文学怎么找工作啊!实际上这些社会行为里边有一个很强的概念,就是你是我的孩子,你实际上相当于是我的一部分,我要对你负责任。但是在西方文化里面这点可能会很少,我就问过美国的学生,当你选专业的时候,你爸妈会给你什么建议?他们父母很少会有这么强烈的干预,我想学数学,那我就学数学,爸妈也尊重,你找不到工作那是你自己的事情，跟我没什么关系，所以这里边有很大的文化差别。还有一个最明显的例子，我曾跟美国的一个家庭去外面参加一个生日派对，是一个孩子过生日，来的人有外公、外婆，还有爸爸、妈妈、舅舅、姨妈等，然后一家人一起吃饭。没什么太好吃的，比萨什么的，或者每个人点个什么东西。让我觉得特别吃惊的是，吃完饭之后，大家来算账付钱，在中国谁会付钱？大家可能会说我外公、外婆付钱，用他们的钱，或者说我爸爸妈妈付钱，很难找到中国家庭是我外公外婆付自己的钱，我爸爸妈妈付自己的钱，然后我舅舅、姨妈付自己的钱，我估计中国文化里很难找到这种情况。可是那个美国家庭就是这样的，外公、外婆一算，应该付 25 美元，舅舅说我付 20 美元，然后爸妈说我们付 30 美元。你仔细想，中国人为什么接受不了这种东西？大家可能觉得我们是一个家庭，分开付账这件事情本身就是对我们东方人观念的一个强烈的冲击，我接受不了。如果这样做的话，肯定就有人会说这家里肯定有问题，爷爷奶奶跟儿子有矛盾，或是其他的理由。所以不同文化下的"自我"概念，让人会有不同的社会行为，这是一个生活中的例子。

心理学家已经根据很多发现和实验提出一个模型，把西方的这个"自我"概念叫作独立型的"自我"概念，就是我跟他人有很明确的界限，我就是我，你就是你，不管你是谁，哪怕你是我的父母，你是我的朋友，我们还是有界限的。有的更离奇，夫妻两个人吃饭还分开付账，虽然少，但是也有的。那么我们东方人的"自我"概念是一个相互型、性格型的"自我"概念，强调我跟他人是有关系的，我跟他人在某种意义上是有交集的，特别是跟我亲近的人，比方说跟爸爸妈妈是有交集的，因为我是他们的孩子，所以他们的钱一部分我可以用，是有这种概念在里边的。这个概念是可以用实验来证明的，这是"自我"概念的文化差别。刚才讲的那个实验，有个学生起了个名字叫 Boss Fast，就是你看到你老板的时候，你对自己的反应会比较慢。前几年，美国大学一个教授到我们实验室来做实验，他知道这个结果的时候就想美国学生会不会也这样，如果美国有一种独立型的"自我"概念的话，他们也许不会有这种反应。他就到大学里找了几个美国的研究生，用他们自己的照片和他们导师的照片，做一样的实验，发现还真是这样，美国人就没有这个反应。所以说这就是文化在"自我"概念上的差别，在生活中很多事都可以体现出来，可以用实验来证实这种现象。

我前面讲了一些心理学的认识，实际上大约从1999年开始就有人从神经科学这块看能不能做一些研究工作，用神经科学的方法来讨论这些哲学家和心理学家讨论的问题。他们所关心的是，大脑怎么去思考"自我"。会不会由于"自我"这一很独特的概念，在我们大脑里边形成一些人类特有的神经活动？也就是主要用来加工"自我"的，跟思考"自我"有关的活动。那么，之所以能做这个研究，归因于20世纪二三十年代以前，神经科学发明了一个有用的方法，叫核磁共振。它的好处在哪里呢？就是在人去思考、有行为、做反应的时候，研究人员可以观察大脑里边的神经活动的变化。

我举两个例子。一个是照镜子的例子。实验员让被试者看一些自己的照片，看一些朋友的照片，然后让他做一些判断，比方说判断朝向。实验员就比较一下，相对于看到朋友，看到自己的时候，人大脑里边哪些神经活动会增强。研究发现，在看自己的照片的时候，我们大脑的右侧额叶的活动会明显增强。

还有一个例子，就是关于抽象的"自我"概念，比如我问你是勇敢的吗？你吝啬吗？你聪明吗？每个人这时候都会做一个反思。有一个团队，2002年发表了该内容的论文，这个杂志级别不是很高，但现在已经被引用六百多次了。他们怎么做的？是这样，先给你一个人格形容词来判断自己，比如说我是勇敢的，我是善良的。然后他们当时问了关于小布什的问题：你觉得布什总统怎么样？这个人是不是话多啊？是不是很愚蠢？是不是很聪明？让对方做一种判断。他们就发现，在想自己的时候，大脑内侧前额叶的信号会明显增强，这个实验已经被很多人重复过，我们实验室也做了好多次，西方人、东方人结果都差不多。所以我想这也说明"自我"的确是很重要的东西，大家脑子里边有明显的表征以区别自我和别人。这些结果，可能认为"自我"概念存在的那些哲学家听了会比较高兴，因为找到了一种科学证据证明"自我"真是有的，在我们大脑里边是存在的，至少我们在思考"自我"的时候会有独特的神经活动。

还有一个问题是，当你想自己的身体特征的时候，比如说黑头发、黄皮肤、胳膊很长、脚很大的时候，和想我是善良的、我是勇敢的时候，会是一样的吗？表征会一样吗？我们做的实验表明在某些地方会有共同的东西。比方内侧前额叶，这里不管想到社会角色、身体特征，还是人格特征，信号都会增强。也有不一样的地方，当想我是教授、我是研究生、我是消费者这些社会角色的时候，大脑顶叶交界的地方活动会增强。而且这个增强活动，看来好像我们中国人反应比较一致。因为我们还做了丹麦人的实验，丹麦人的脑里有的有这个活动，有的没有这个活动，跟我们可能不太一样。我们为什么会有这个活动呢？可能跟我们这个大脑脑区参与理解别人的心理活动有关，当中国人说我是教授的时候，可能更关心别人会想我是什么样的人，可能是跟这个有关系，所以这是神经科学的证据之一。的确"自我"是存在的，这个"自我"是多方面的。我们从小长大，这几十年的时间培养了我们大脑一种独特的活动功能，我们在想自己的时候，是有比较独特的神经机制的。

接下来我想讲"自我"概念到底是怎么来的？我主要用一些神经科学的结果来讨论这个问题，现在有做发展心理研究的，发现小孩大概是在两岁左右开始照镜子，照镜子的时候就在识别"自我"。但这个小孩一岁左右的时候可能不太知道镜中人是谁。两岁的时候，如果你在这个孩子脑门上点一个红点，他会去指、去抓、去擦。这实际上也不是人特有的，现在已经发现，动物也有这样的行为。比方说黑猩猩，如果让黑猩猩照镜子，然后在它脸上涂点颜色，那么黑猩猩也会通过镜子来指导自己的手去抓脸上的东西，这是一个很好的证据。如果这个黑猩猩没有"自我"概念，不知道镜子里面是自己的话，它应该抓镜子。现在还发现，不仅仅是黑猩猩，亚洲象也有如此情状。在大象脑门用粉笔给它画一个白圈的话，大象可以照着镜子，用鼻子去碰脸上涂的白色的东西，鼻子很长，它用鼻子来去找。所以这个"自我"概念也许不是人类特有的，动物也可能会有，但是我们现在关心的是我们怎么会形成这些"自我"概念。

我想讲几个方面。一个是，这个感觉经验会不会对行为很重要？如果说你能回答"我是勇敢的""我是善良的"，这跟你能看到的东西会不会有关系？跟你能听到的东西会不会有关系？这些社会的因素，有没有影响到你怎么定义自己？还有一个问题是，我们认识自己是谁，我们想自己的时候，我们的基因会不会有影响？会不会起一些作用？我想举几个例子。在讲这些例子之前，先介绍一个神经科学的概念，叫作神经可塑性。这个概念说的是我们大脑里边的神经元，即神经细胞和它组织的一些网络会随着我们的感情经验变化。什么意思呢？我给大家举一个例子。我们都知道，在大脑的枕叶这个地方，脑区主要做视觉加工。看到红的颜色、硬的东西，那个地方活动会增强，所以那个地方是基本的加工视觉信息的一个感觉皮层。而我们加工听觉信息的是另一个感觉皮层，这两个是分开的，视觉和听觉。大家想象一下，如果一个人生下来就是盲人，就没有任何的视觉经验，他的大脑的功能组织会是什么样的？会不会也跟我们一样呢？有人做过研究，发现在盲人用手触摸盲文的时候，枕叶会激活，跟我们很不一样。我们去摸的话，大脑的中央后侧会激活，不会是枕叶。这个反应说明什么呢？大脑枕叶到底是加工视觉信息呢，还是加工触觉信息呢？所以我们的感觉经验很重要，你有什么样的感觉经验，决定了你那个大脑的功能是什么。讲神经的可塑性，这是一个例子。就是说大脑的脑组织功能到底是加工视觉还是加工触觉，取决于我们的感觉经验。

那么我们问的问题是什么呢？额叶的部分，特别是关于"自我"的，加工"自我"的这部分大脑的活动，取不取决于感觉经验呢？我们明眼人跟盲人会不会不一样？我们做实验的时候，用耳机给受试者听，比如说勇敢、善良、吝啬，请人判断这可以描述我或不可以描述，做这种实验的判断。我们就发现如果用视觉给大家呈现词语的时候，大脑跟"自我"有关系的脑区的活动会明显增强。我们当然还用过很多别的词，比如你觉得鲁迅是勇敢的吗？做对照。我们发现跟鲁迅比，大家想自己的时候活动都很强，但是只有用视觉传递的时候才会有，用听觉呈现形式就没有，就是我们用听觉呈现的时候，问受试者我是勇敢的吗？鲁迅是勇敢的吗？这样去比的话，没有发现独特的跟"自我"有关的神经活动。这个是明眼人做的，就是说看起来大脑里真正去表征"自我"的部位，取决于感觉经验，取决于到底是视觉还是听觉的。那一个人从来没有视觉经验的盲人怎么办？盲人应该也会有"自我"概念，也会有"自我"认识。他们只有听觉信息通道可以用，所以当他们做同样的实验，只用听的时候，盲人会不会有类似的反应呢？

所以我们做了同样的这个实验，针对盲人来做，只用听觉的模式给他们呈现，但我们还请了一些明眼人来做对比。结果是盲人在回答诸如我勇敢吗，我善良吗这样的问题的时候，他们跟明眼人看这个词是一样的结果。但是同样这个实验，明眼人还是一样没有增强。我觉得这是一个挺好的例子，说明看起来我们的所谓的"自我"人格的特征很抽象，但是感觉经验对人格方面的塑造有很大的影响。

我再举一个例子，大家记得我前面讲的"自我"概念的文化差别吗？西方文化里的"自我"跟他人是分离的，东方人的"自我"跟他人是有重叠的，虽然只部分重叠。那么我们能不能从神经科学的角度去看看有没有一种神经的活动模型能够对照这种"自我"文化差别的心理学模型？

于是我们就做了一个实验，我们在北大找了不到二十个中国学生来做。让他先判断自己是否勇敢。然后判断自己的妈妈是不是勇敢的，是不是善良的？为什么加一个判断妈妈的案例呢？因为妈妈还是大学生涯里边最亲近的一个人。所以我想会不会由于文化的熏陶，让他们大脑里边表征自己跟表征妈妈有重叠的地方，就是你想自己跟想自己的妈妈会不会有重叠？反过来在西方文化下长大的人会不会他们的"自我"跟妈妈是分离的？我们用这个实验来证明这种假设，想自己的时候呢，大脑我们叫内侧额叶的地方，活动都会很强，不管是中国学生，还是西方学生。同样一个脑区，当受试者去想自己妈妈的时候，我们中国人这地方活动就比较强；而西方人的就没有什么反应，想妈妈跟想公众人物的时候没有什么差别。

我们后来还做过四十五岁左右的中年人的实验，让他们去想自己的伴侣，想太太或者丈夫，然后想孩子，发现那个区域活动也很强。所以我们中国文化里边，不仅仅是说你想母亲有表征，可能一个家庭的成员也会引起脑区活动的增强。我们没有去测过西方人，所以不知道他们会不会有类似结果。但是至少从中国来看，我们的"自我"的确是跟他人有很密切的关系，而这个密切的关系不是说说而已，是刻在大脑里边的。所以中国人为什么会有那么强的关系，这里边就有神经科学的原因。

后来我们又做了一个实验，我先讲这个实验的心理学的背景，一对香港地区的心理学家，夫妻二人提出一个很有意思的理论。他们以为在现在的世界下，每个人大脑里都不可能是一个单一的、单纯的文化，或者中国文化，或者西方文化，每个人可能都会有多重文化。比方说，大家在大学里边读了几年书，可能你看了好多好莱坞的电影，有好多外国教授给你讲课，有出去开会的经历，所以你会接触很多西方文化。那么他俩认为，因为这样的生活经历，可能让我们每个人大脑里边有多重文化，但是我们平时想"自我"是一种呼应型的想"自我"，因为我们大脑是东方文化主导的。有没有可能短暂地改变一下，心理学叫启动，启动一下那个隐藏的、比较深的那个西方的文化知识？中国香港地区的人，是比较典型的双文化背景，那里的人们上学、出去的时候是讲英文，回家讲中文，因此他们是非常典型的一种双文化的被试人。我们就把这些被试者找来，我们假设如果去启动他的中国文化，他的大脑的活动可能就会更像我们之前的实验那样，想自己跟想妈妈可能会有更多的重叠。如果去启动他们的西方文化，他们大脑的活动方式更像西方的那些被试者，"自我"跟他人就会有分离。

我们怎么做呢？我们给他们看一类照片，米老鼠、贝克汉姆等代表的是西方文化的一些图片，然后就问他们，觉得图片是哪一种文化的，大概只要几分钟的时间，可以启动他们西方文化的知识。那么与此相对的，我们给他们看李小龙、太极拳、天坛、长城等的图像，启动他们中国文化的知识。这个实验是我们做的最贵的一个实验，因为有 18 个人从香港坐飞机过来，但是我觉得蛮有趣的。做完之后我们发现被试者的内侧前额叶，就是跟"自我"概念表征有关的这个内侧前额叶，当这些被试者被中国文化启动的时候，这个"自我"跟母亲，就差别很小。那么当他们被西方文化启动的时候，这个"自我"跟他们的母亲差距很大，短暂的时间之内，我们启动他的西方文化，启动中国文化，就可能改变他想"自我"的神经活动。换句话说，"自我"的概念的加工，很容易受到文化背景、短暂文化知识系统的影响，这是我讲的文化影响。

总结一下，我觉得前面不管是中国背景、西方背景，还是香港地区这个双文化背景,实验结果的确能很好地对照这个模型。我们从神经科学、生物学角度去理解人的精神活动,这是一个挺好的例子。该实验给这个心理学的模型提供了很有力的科学证据。这个模型来自于斯坦福大学和密歇根大学的两个教授于1991年合作发表的一篇论文,现在这篇文章引用已经达七千多次了,但是一直没有出现很有说服力的自然科学的证据。而我们这个发现正好提供了一个很好的自然科学的证据。并且我觉得也是一个很好的结合,即结合神经科学、文化、人文科学、心理学,做了一个交叉结合的研究,是一个挺好的例子。

最后我再介绍一个问题,我们的基因会不会对"自我"的神经活动有影响?

我们现在是找了对人格特征有比较大的影响的基因来做的。我们找了一个什么呢?找了一个叫作5-羟色胺受体的启动子基因。这个基因有短型和长型两种。这个短类型的人,在神经生物学里表现为在两个细胞间的缝隙,我们叫突触的地方,5-羟色胺比较高。这个长型就是说明5-羟色胺比较低,这是讲的生物学的差别。现在已经发现了短的人呢,可能由于5-羟色胺浓度比较高。那么这类型的人,在人格特征上表现为比较焦虑。然后长型的人好像比较放松,他们不太焦虑。这些东西如果能影响人的人格特征的话,会不会有可能影响到我们对与"自我"有关的一些神经的活动?

所以我们就想做一个实验来讨论这个问题。怎么做呢?我们用类似的方法,给被试者看一个个形容词,比方聪明、懒惰、勤劳、迟钝……分为两种,一种是正面形容词,一种是负面形容词。然后我们让被试者去打分。在1234里边打一下分,4就是非常非常聪明,1就是一点都不聪明,实际上3和4是肯定的,1和2是否定的。所以,对负性词的肯定跟对正性词的否定是一样的,大家都说自己不好。对一个正性词的肯定和对一个负性词的否定都是说自己还不错,都是自己好。我们就关心:这两种人想到自己的缺点,或者说承认自己的短处时会不会情绪很不一样?因此我们就问被试人,你刚才打了半天分,当自己想着自己这个缺点的时候,你会有什么感受?这个短型的人跟这个长型的人比,短型的人打分就比较高,想自己缺点的时候真是很不舒服,很不爽。实际上我们更关心他们大脑里边的状况。我们发现,当这个短型的人想自己缺点的时候,大脑里边有几个区域或部位活动特别强,哪些呢?扣带回和岛叶。它们是人的自身痛觉的感受网络。我们让被试者想一下自己的缺点,他的痛觉的网络就会明显地活动增强。但是这个结果只有那些短型的人才有,长的人没有,我们是第一次尝试,看一下能不能结合神经生物学、基因、心理学、哲学做一个比较交叉性的研究。它提示我们,有可能我们的"自我"概念,在一定程度上受基因的影响。

实际上关于"自我"还有很多例子,我觉得有的时候我们需要判断一个人到底有没有"自我"意识,有没有"自我"概念的时候,比较难,比方植物人。西方人讨论说这种情况下可以执行安乐死,因为这人已经不行了。但我们能不能替这个人做决定?我们怎么才能认为这个人已经没有"自我"概念和"自我"意识了?现在神经科学结合心理学的方法,也可以来回答这些问题。几年前《科学》发了一个大概一页纸的论文,它就问了个问题:我们怎么知道一个植物人有没有"自我"意识?作者就用我们刚才说的那个脑成像的方法去这样做这件事情。怎么做呢?他们让一个植物人躺在核磁共振机器里,请他想自己的家庭,想在自己的家里边从厨房走到餐厅应该怎么走。研究发现,植物人的大脑也有活动,你会怎么想?这个人有没有"自我"意识?有没有"自我"概念?他们做了一两个病人,发现脑活动跟我们的健康人很像。这个实验证明也许这些所谓的植物人并不是没有"自我"意识的人,也许我们说他是没有"自我"意识、没有"自我"概念是错的,只是说我们不知道他在想什么,我们可能没有任何理由替他决定是死还是活。涉及安乐死的时候,这是一个很重大的问题。

我想最后有两个问题可能跟年轻的人关系比较密切。我们讲到"自我"的时候还有一个问题,就是说将来的"自我"是什么样子。我觉得我们每个人都会有一个比较近的目标,一个比较远的目标。当给自己设了一个目标,如果没有实现这个目标的话,多数人的感受都不太好,都会比较郁闷。那么我们心理学还有一个领域叫作临床心理学,讲心理健康的。我觉得对自己的正确认识跟你的心理健康有关系,如果一个人给自己设一个很高的目标，这辈子就是要得诺贝尔奖，得不到诺贝尔奖就郁闷，那他会比较郁闷。你怎么样给自己找一个合适的目标，认识到理想跟现实有什么样的差别，特别是当自己没有实现理想中的"自我"的时候，有没有办法主动地调整一下情绪？也许大家生活里边已经有这种亲身的感受。

最后一个问题就是人的一辈子，从小到成年，然后到衰老，最后到死。一个人的一辈子意义到底是什么？我觉得每个人可能都会去思考生命的意义是什么？这里边可能跟怎么去定义"自我"，怎么去想当下的"自我"，怎么去想将来的理想中的"自我"有很重要的关系。而且我觉得，每个人生活的意义，"自我"是谁，至少存在两个方面的因素。一个是你自己有多努力，要去创造一个意义，要给我生命一个价值。还有一个是所处的历史环境，生活的意义、生命的意义，可能跟生活在什么样的历史条件下关系很大。这个"自我"的意义是，你要靠自己创造，然后要利用好当下这个社会环境、社会条件，充分地把你自己的某种特质、某种优势发挥出来，"自我"的意义一定程度上是你自己给你的，虽然是在一定的环境下。

最后我总结一下。我今天介绍了一些关于"自我"的哲学、心理学、神经科学方面的发现。虽然听起来是一个很抽象的概念，但对我们来讲"自我"真是太具体不过了吧？所以这些发现、这些思考、这些结论，我觉得不仅仅对我们科学研究重要，可能对每一个人的生活都有很重要的意义。如果你们有一点点思考，对你们的"自我"有点思考就可以了，就算有意义了。

第七讲

大气痕量组分的变化与人类的未来发展

■ 朱彤

主讲人介绍：朱彤

长江学者特聘教授，北京大学环境科学与工程学院院长，环境模拟与污染控制国家重点实验室主任。1999 年获得国家杰出青年科学基金资助；2001 年获聘为国家教育部第三批长江学者奖励计划特聘教授；2007 年起兼任北京大学环境与健康研究中心主任；2012 年作为学术带头人获国家自然基金委创新群体资助。主要研究方向为大气化学反应动力学、环境与健康、超大城市空气污染控制、青藏高原—极地—海洋大气化学。发起和组织了华北区域大气环境综合观测国际合作实验 CARE BEIJING，为揭示北京空气污染形成机制、保障奥运空气质量提供了科学支持。带领北大团队提出《第 29 届奥运会北京空气质量保障方案北京周边省市措施》，得到国务院批准采纳并在华北六省市得到实施。在 Science、PNAS、The Lancet 等国际一流刊物以责任作者和合作者发表 SCI 收录论文一百余篇。

内容介绍： 二氧化碳、甲烷、氧化亚氮、臭氧等都是非常简单的小分子，在大气中的浓度也非常低，属于大气中的痕量组分。但工业化以来，人类活动导致大气中很多痕量的气体分子浓度大量增加，随着光谱、质谱、卫星遥感技术的发展，人们认识到这些小分子的物理和化学特性是导致空气污染、臭氧层损耗、气候变化等全球环境问题的主要原因。研究大气中痕量组分的浓度变化、在大气中的传输和化学转化以及对气候、环境、生态的影响，是"大气化学"的主要领域，而减缓这些痕量组分对全球环境的影响，则需要科学进步，特别是人类社会发展模式的根本改变。

大家好，我就借这个机会给大家汇报一下我们在大气环境方面的一些工作。目前大家非常关注 PM2.5，所以我当时也考虑过要不要将报告题目中的"小分子"改成"小粒子"，因为颗粒物都是非常细的，但后来我考虑到小分子实际上是非常重要的问题，对它的认识会在很大程度上影响现在和未来人类社会的发展。所以我认为可以先花时间和精力把小分子问题讲清楚，以后有机会再给大家介绍我们目前关注的焦点——PM2.5 等小粒子。

我们人类生活的地球，从目前看来可能是在整个宇宙里面唯一一个拥有漂亮蓝色背景的行星，在这个直径大概一万多千米的行星表面有一层薄薄的气体，即我们赖以生存的大气。大气层的高度大约是一千千米，而跟我们人类直接相关的高度也就 10—20 千米，这和地球一万多千米的直径相比，是非常稀薄的。而我们人类就在这样一个稀薄气层里面生活发展了上百万年，却一直不清楚这个气层的构成。直到 1774 年，才有一些科学家尝试去了解，或者说有可能曾经尝试过了解大气层。首先是几个瑞典的或者是法国的科学家，他们发现大气中存在着一种气体，一些物质比如氧化汞加热以后也会产生，这种气体具有一些明显的特性，比如在这种气体下面烧煤的话，煤的燃烧会更快一些，如果人在里面待一段时间，则会感觉有一点兴奋等。后来另一位科学家拉瓦锡发现如果可燃物在一个封闭的空间里面燃烧，这个封闭空间里的气体体积会缩减很多。根据这些现象，他们提出大气中存在一种气体可以助燃，并将其命名为氧气。

我经常会想，如果没有他们当时的这些工作，人类发现这个对我们至关重要的气体（氧气的发现对后来的化学发展起到了非常大的促进作用）的时间会推迟多久？而掌握着现代科技的我们，如果回到18世纪，有没有能力去发现这样的东西？

发现氧气之后，人们认识到我们生活在一个充满着氧气的大气层里。当然大气层中的氧气含量并不是一开始就有这么高——科学家通过大量的考古研究发现，几亿年前，地球的氧气含量只有现在的十分之一、百分之一甚至千分之一，那么现在大气层中氧气含量的提高是如何实现的呢？通过人们的研究，我们现在已经很清楚地知道这是生物通过光合作用释放出的氧气不断积累实现的。而在氧气不断增加的过程中，另外一个分子也出现了，就是臭氧。臭氧对生物的发展是非常重要的，因为它主要停留在平流层，可以阻挡太阳光中的紫外线，从而保护地面的生物。这实际上是一个生态系统的净化和发展，通过氧气和臭氧，保证了地表哺乳动物的生存和繁衍。

但氧气只是大气的一种组成成分，大气中还有很多其他气体。其中含量最高的是氮气，氧气含量次之，接下来是氩气等。这些气体分子都很小，相对来说是常规分子，一般由两个或三个原子组成。此外我们还有一些所谓的痕量组分，用PPM或PPB来表示。PPM（Part Per Million），是指百万分之一；PPB（Part Per Billion），一般读作十亿分之一，一个PP是指十亿个分子里有一个分子。而在大气的分子构成中，二氧化碳是浓度比较高的一种，380PPM，但像甲烷等则都是在300—1000个PPB水平上，而臭氧浓度变化比较大。由此可见，这些痕量气体在大气中的含量很低，而含量如此低的它们则引发了目前全球面临的重大环境问题。

那怎么样来理解这些小分子呢？首先看一下二氧化碳这个小分子。通常一个二氧化碳由一个碳原子和两个氧原子通过化学键结合组成。化学键在形成的过程中会像弹簧一样振动，而在振动过程中它会吸收一定的能量，这个能量就是一定波长的能量。比如二氧化碳通过化学键的振动可以吸收两个波长的红外线能量，而它也只有在吸收能量后，才能维系化学键的振动。另外振动甚至可以转化成热能散发出去。此外，化学键可能还能转动，这是更加精细的结构，说明振动吸收的能量里面还有转动的能量，详细的我就不一一阐述了。而除了二氧化碳外，由两个氢原子和一个氧原子组成的水气，由两个氮原子组成的氮气，由一个碳原子和四个氢原子组成的甲烷等，它们都有这样通过振动而吸收大气中能量的过程，而这个被吸收的能量通常被称为传播辐射或者是在波长比，也即红外氧范围。

这些能量被大气中的分子吸收后，使得整个地球的大气和能量都产生了很大的变化。众所周知，地球的光能主要来自太阳，而照射到地表的太阳光分为可见光和非可见光。可见光按照波长可分为赤、橙、黄、绿、青、蓝、紫七色光；非可见光包括比红光波长更长的红外线，比紫光波长更短的紫外线。而通过测定发现，太阳光在进入大气前后有一定的差别，而主要差别就在于紫外线的含量——这主要是因为大气中臭氧和氧气吸收了一定的紫外线，使得到达地表的紫外线减弱了。如果反过来我们将地球作为一个热源，它也会辐射能量到外空间去，而地球辐射到外空间的能量，实际上主要集中在地球卫星蓝图中蓝颜色的这一部分。为什么呢？这主要是因为大气中的水、二氧化碳、氧气和臭氧、甲烷、氧化氮等会吸收红外线的能量，从而使得从地表出去的能到达外太空的辐射能量只是部分短波长的蓝色光等。所以大气中的痕量分子能起到吸收大气中能量的作用。

那接下来就有另一个疑问，这些能量被吸收后会产生什么结果？温室效应！众所周知，温室通常由玻璃组成，而在太阳的照射下，玻璃会加热温室内部空气——因为玻璃的阻挡，温室中的热空气会不停地交换，但又无法与外界交换热能，从而使得整个温室的温度相比外界要高很多。而在地球，大气层形成的温室效应实际上最开始是有正面作用的。因为如果没有大气中的水分子、二氧化碳等对地球辐射的吸收，地球表面的温度则只有 255K（即零下 18 摄氏度），在这样的温度下，水都是固态的，更遑论生物的进化发展了。而正因为有水分子、二氧化碳等对红外传播辐射的吸收，地表大气层得以升温，使得地表平均温度达到 282K（9 摄氏度）左右，从而保证地球上的生命能够在相对比较适宜的环境中生存、发展。所以温室效应最开始对地球生命发展起到了非常积极的作用。

综上所述,从外太空来的太阳辐射,通过大气层时,有的被云反射到外太空,有的被大气层吸收,而到达地表的太阳辐射有部分则被地表反射到大气层,有部分被地面吸收加热地面,地面被加热后又会释放出热量。就是大气中这种反复的反射、吸收的过程,维系了我们当前的大气温度和地表温度条件。

那为什么现在我们会认为这个存在已久的温室效应是一个问题呢?主要是因为后来有一些科学家发现,如果大气中二氧化碳再增加3倍的话,就可能导致全球气温增加5到6摄氏度。而大气中二氧化碳增加3倍,可能是很遥远的事情。但是后来科学家们认为,人类实际上已经开始改变我们的行星了。1938年科学家们已经分析了一段时间里地表温度跟大气二氧化碳浓度的关系后,发现二者之间存在着很好的正相关关系。他们的研究逐步把最初人类对大气温度改变的假说引到实证分析上,而在过去的几十年间,人们一直在尝试着寻找这些痕量气体是不是真的改变了地球表面的温度。以俄罗斯为例,科学家在南极的东方站挖掘了几百米、上千米的冰芯,分析其中的二氧化碳、甲烷浓度,并反演冰芯记录的气温。其结果清楚地显示,在过去的40万亿年间,地表温度有上升,也有下降,而它上升和下降的过程,和二氧化碳、甲烷浓度有非常好的相关性。他们就给出一个建议,这种痕量分子的温室气体确实可能能够起到改变气温的作用。但通过对这些数据做进一步研究,我们不难发现,首先二氧化碳浓度的增加或者减少,都是在一个固定的范围内,约200~300个PPM,而当前的二氧化碳浓度已经达到375~385PBM之间,已经偏离了过去40万年的变动范围;与此同时,甲烷浓度在过去的变化范围大概是在300~800PPB,而当前的甲烷浓度实际上已经达到了1800PPB,也已经远远超过了过去40万年的平均值。这种变化说明我们实际上已经对气候产生了很大的影响。其次,如果将更多的冰芯记录和现在的观测记录进行比较的话,我们就会发现,在过去大概一万年左右,二氧化碳、甲烷和氧化氮的含量基本上是稳定的,但是过去200年间,它却有一个飞速的指数性的增加。二氧化碳浓度的增加主要和化学燃料的燃烧(也就是煤、天然气、石油的使用),土地利用的变化(比如说森林的砍伐,建筑施工场地),消耗能源大的工厂建设等有关；甲烷含量的增加主要源自畜牧业的发展、垃圾的填埋等；氮氧化物含量的增加则主要来自于化肥的分解、植物的固态消耗包括燃烧等。

除此之外，还有其他一些证据证明人类活动会改变大气中痕量分子的分布特点。第一是甲烷浓度的变化。史前的一些记录显示，在大约一万年前，甲烷的浓度的波动规律和季风的变化规律有一些出入——按照规律，甲烷浓度应该是下降的，但它却增加了250PPB。而这主要是因为一万年前，亚洲特别是中国和印度大力发展农业，而因水稻的大量种植而排放出来的甲烷使得原来应该下降的甲烷浓度反而增加了250PPB。第二是二氧化碳的浓度变化。二氧化碳的浓度变化呈现40万年一个周期的规律，因此它过去几万年间的变化趋势原本是下降的，但实际上增加了，主要是因为欧亚大陆的人们在开垦土地时将一些土藏的二氧化碳释放到大气中。这些间接的证据都说明，即使在工业化以前，人类已经开始改变大气中二氧化碳和甲烷的浓度了。

现在，人们实际上很清楚全球温室气体的来源很大一部分是化学燃料的燃烧，而二氧化碳是化学燃料燃烧的主要污染物。此外，在林业的开垦过程也会导致一部分二氧化碳的释放，因为林木开垦首先降低了森林系统对大气中二氧化碳的吸收，同时也可能把森林中土壤储藏的碳以其他的形式释放到大气中，这也是国际社会现在之所以非常关注巴西林木开垦的原因。除了二氧化碳，同属于温室气体的甲烷则主要是通过农业生产而产生的，稻田是甲烷的一个主要来源。这主要是因为甲烷是生物在电氧环境下生长发育而释放出来的副产物。同样的，氮氧化物也是在相对电氧的环境下产生的，农业贡献了全球50%~70%的氮氧化物。综上所述，目前我们已经能够非常准确地测算出，过去几十年中人类每一项具体的活动会排放出的二氧化碳量，而了解这些量实际上对我们未来采取控制措施非常重要。

IPCC（联合国政府间国际气候专门委员会）曾经在一份报告里绘制过一张图，尝试将所有的温室气体对大气中的能量变化和对大气的加温效果定量地测算出来，它用一个单位叫作强弱，也就是说这样一个浓度下面，比如说二氧化碳是在300个PPM浓度下面，它可能导致的能量，地球大气力量能量增加的范围大概是每平方米将近1.6～1.8瓦这样的范围。这样定量的范围能够帮助我们来比较哪些痕量气体的变化对我们气候会产生什么样的影响。我们可以看到什么呢？我们前面讲了很多二氧化碳，然后我们刚才提到的甲烷和氧化氮，这个跟我们的保护层有很大的关系。此外还有臭氧也会对大气起到加温的作用。虽然这些气体的浓度非常小，但它们的加温效果非常大。这就会为我们制定相应的控制措施带来很好的参照依据。

根据过去两千多年的已有记录，或者是推算出来的记录，我们可以看到，过去两千年全球气温基本上保持不变，直到最近两百多年才迅速增加，这种增加和温室气体浓度增加有非常大的对应关系。与此同时，全球平均气温，在过去150年的已有记录中是和海平面的上升相对应的。因为温度升高后，很多冰雪融化进入海洋，从而提升海平面。相应地，北半球的冰川及北极的一些冰带和冷冻土所蓄积的冰雪的面积在缩小。从各种角度一定程度上体现出了气候变化引发的后果。

从19世纪70年代到2004年，气温变化最高的地区，其变化值达到3.5度，不过也有地区的气温可能是下降的。即在气候变化过程中虽然总体的平均温度在升高，但不同地区温度的升高和降低实际上是不一致的，不过像北部地区的巨大温度提升对环境的影响是非常严重的。

此外还有很多记录，记录了全球不同位置的地表温度变化，如果把全球的温度升高绘成一幅图的话，我们就会发现全球主要的温度升高发生在陆地上，而海洋温度升高的幅度明显没有陆地大，主要是因为海洋吸热比较多，很多热量被其储藏了。

综上所述，我们已经明确地测定出痕量气体的浓度变了很多，而全球的温度也升高了很多，那人类未来会怎样？我们未来要采取什么样的改变方式？IPCC设定了各种情景，既包括不采取任何控制措施的严重后果，也包括采取很多措施的情景。他们阐述说即使采取了措施，可能也要等很长一段时间后，大气中二氧化碳浓度的增幅才会减缓，而此时气温则会继续升高，针对这种情况，人们要么采取更加极端的措施，要么学会适应这种变化带来的后果。那这种后果是什么呢？

全球不同地区的气温变化幅度是不同的，而后果也是不同的，因为其对整个地球的生态系统产生影响的过程相当复杂。我们前面谈到在温室气体浓度升高，首先导致温度变化，即全球温度升高，其次引起海平面的上升。此外还有极端天气的出现，比如有的地方是暴雪，有的地方是飓风；而这种极端天气的频率不断加大，也表明全球降水在发生变化，而这种变化对地表的生态系统会产生很大的影响，对粮食安全、人类生存环境等都会产生作用。我们在面对这种变化时，应该采取什么样的措施，才能在管理技术和国际贸易方面更好地规划人类未来的发展，以减少发展过程中温室气体的排放。这是目前国际社会面临的非常重要的问题，也是一个非常大的难题。

这些问题的影响幅度非常大，也非常复杂。比如说二氧化碳浓度的升高，除了导致气温升高以外，还会导致海水中二氧化碳溶解量的增加，从而增加海水酸度。而海水PH酸碱度的下降引起的一个很严重的后果就是，会极大地影响海洋中的珊瑚或者是主要由碳酸盐构成的生命体的生长。众所周知，珊瑚礁是很多海洋生物共生的生态系统，除了是珊瑚的生长地外，还是很多鱼类、虾类的栖息地。而海洋PH酸碱度的下降则会破坏珊瑚礁，从而使得海洋生物多样性下降。这说明痕量气体的增加，其后果不仅仅只是气温变化，更多的在于对生态系统产生的影响。

再比如说，前面提到的全球降水频率、降水量的变化等，往往会伴随着极端天气的出现。台湾地区的刘少生老师对中国的降水和地面温度进行记录和统计分析后发现：每当温度增加一摄氏度，大到暴雨的发生频率增加一倍以上。这是一个很重要的发现，即在未来气候变化过程中，中国面临的将不仅仅是气温上升，更重要的是很多地方将面临洪水、台风等严重的自然灾害问题。

另外，有人将气温变化和人类面对的风险进行了统计。根据他们的统计结果，有时候气温变化对水体系统会产生一些极端的影响，就是越湿润的地方降水越多，越干旱的地方降水越少。而这又会对生态系统产生很重要的影响，比如物种的灭绝和迁徙，威胁粮食安全，进而威胁人体健康，使得人类的死亡率和患病率增加等。

2009年哥本哈根世界气候大会上有有关未来控制气候变化、减缓气候变化的目标。到目前为止，我们设定了两个目标，其中之一是希望通过各种措施保证即使温度上升，也不超过两度。因为超过两度的话，温度上升带来的负面效应会更加严重。这里所说的气温上升主要体现在夜间最低温度上，白天的温度不一定增加很多，这跟地球的热量吸收特点有关。因为温室效应主要是吸收地表辐射出去的长波辐射，而在这种长波辐射在夜间的比重是最大的，所以当针对这种长波辐射的吸收增加时，夜间气温的增加会比白天的更加明显。

与此同时，根据对全球各个地区面临的环境问题的详细分析，不难发现各个地区环境问题具有各自的特点。总体来讲就是温度增加后，有的地方农业生产受到很大影响，有的地方是水资源受到很大的影响，有的地方则是因为干旱导致森林火灾或其他自然灾害的发生频率增加，有的地方是海平面上升导致的一些问题。

有关气温上升的后果中，很重要的一项就是热浪发生的频率会很高。发生在夏季的热浪是非常影响人体健康的，比如2003年欧洲出现的一次热浪，可能导致了几千人过早死亡，这和欧洲长期比较舒适的环境有一定的关系。因为欧洲的气候长期比较舒适，从而导致一旦温度突然升高，会让人措手不及，甚至连空调都来不及装，导致很多老人因不适而过早死亡。

这类问题在未来可能会比较严重，比如强降水事件增加、干旱影响的地区扩大、热带气象活动增强，海平面上升带来的问题等。而应对这些气候变化，主要有两个途径，就是前面提到的，人类在社会发展中，要么采取措施减缓温室气体的排放，要么尽量采取措施来适应它。而就目前来看，我们必须同时采取这两个措施，才能保证人类在未来能很好地生存下去。比如收集雨水，更好地利用水资源；农作物调整，因为温度升高之后不同植物的生长情况不一样；搬迁，因为有些地方会受到海平面上升或洪水的影响而不适宜居住；公共干预，针对旅游、交通等都采取一系列措施。这样才能适应气候变化而生存下去。但在这个适应的过程中，一些沿海城市海平面在上升，它的存在和发展会受到很大的威胁，这就需要我们仔细考虑应对措施了。

以荷兰为例。众所周知，荷兰的风车是很出名的，我本来以为他们的风车是很浪漫的装饰物，但我实地查问后发现，风车是用来把堤坝里面的水排出去的。这实际上就是一种适应措施，他们没办法改变气候变化，但可以采取这些措施来应对变化。不过更重要的是，我们不能总是被动地采取措施适应气候变化，还应该采取措施减缓气候变化。

不过，在具体的减缓措施实施时还有很多的问题。

第一，发展中国家在发展自身经济时，很可能需要砍伐森林，但发达国家就认为不能允许砍伐，因为他们认为这会破坏全球气候。其实，这也是目前在减缓全球气候变化中面临的一种困境。毕竟目前二氧化碳浓度已经很高了，确实需要降低它的增长速度。但现在发展中国家的二氧化碳排放量是比较大的，比如中国的二氧化碳排放量已经超过美国，那是不是中国应该像美国一样，或者像欧洲国家一样，约束国内二氧化碳的排放量呢？这其中涉及两个问题。一是二氧化碳被排放到大气中后会停留很长时间，今天大气中的二氧化碳有很多是过去两百年里，发达国家排放的，因此发达国家应该负主要责任。二是世界上每个个体的发展权利应该是一样的，还以中国为例，虽然中国的排放总量跟美国相当甚至在一定程度上超过美国，但就人均来讲，中国人均排放量可能只有美国的五分之一。但如果因为我们中国的总量比较高，而让中国现在就采取极端措施，这样从政治上来讲到底合理不合理，是存在很多争议的，也是值得我们思考的。

可采取的减少排放措施实际上有很多，包括个人的措施，也包括国际社会可以做各种各样的分析，来分析不同产品生产过程中排放出的不同浓度的二氧化碳。比如在农产品的生产过程中，生产单位牛奶、牛肉、猪肉、鸡蛋等，排放的二氧化碳差别很大，其中生产单位牛肉时的消耗是最高的。其实像牛肉这样的红肉，一般来说生长过程中消耗和排放的温室气体量是很大的，所以减少消耗是很重要的。而目前国际社会已经提出一系列系统性的减缓气候变化的措施，从能源的供应，到交通运输、建筑工业、农业、林业等，有很多跟人们的日常生活和人类的未来发展都有很大关系。不过气候变化也导致了巨大的新能源需求，这也催生了更大的经济发展潜力和就业发展机会。

现在虽然提出来了很多措施，但我们同样面临着很大的挑战，其中一个很大的问题，就是现在全球的社会一定要发展，而发展中国家对发展的速度要求可能会更高，对能源的需求量也是非常大的。而我们目前使用的能源主要还是来自于化学燃料，现在已有的化学燃料，比如已经开采的石油，如果全部使用的话，对全球二氧化碳或者甲烷含量的增量是很大的，可使未来大气中二氧化碳超过 600 个 PPM，这对气候变化的影响是非常大的。

因此，为了应对这些挑战，首先可以尽快地尝试发展可再生能源。一是植物，即生物燃料的发展；二是可以发展太阳能、风能等，比如中国是全世界最大的可再生能源投资国和生产国，我们使用风能的生产能力是全世界领先的，这说明中国在面对未来发展时已经处于相对比较好的位置。

不过在发展可再生能源时曾经有过一些争论，比如通常认为太阳能是最好的无污染能源，但太阳能电池在生产过程中会产生大量的二氧化碳，因为我们需要使用电来提纯单晶硅，那么怎样才能知道这些可再生能源对未来气候变化的影响程度呢？针对这个问题，我们开展了一个生命周期分析，分析这些再生能源在生产和使用过程中累计排放的温室气体，包括生物能、光伏电池、太阳能、地热、水电、海洋洋流、风能、核能等。结果表明这些能源在生产和使用过程中排放的温室气体要远低于石油、煤和天然气，从这个角度来讲，可再生能源确实在减缓大气中二氧化碳含量上会有很重要的作用。

而技术进步也是非常重要的。现在的技术发展也使很多可再生能源的使用效率和可提供的功率大大提高。比如原来利用风能的是一个很小的风电机，风机单位发电量很小，现在却越来越大了。此外，还有很多所谓的智能电网能够把不同燃料燃烧释放的能量集中在一些主要的发电厂发电，之后又能以智能方式将这些电能分配到机组上，从而更好地保证了这些电的使用效率。

第二个应对挑战的途径，就是臭氧层保护。这也涉及今天讲的第二个重要的环境问题，它是通过《蒙特利尔议定书》实现的。臭氧层，实际上是指大气层的平流层中臭氧浓度相对较高的部分，大约距离地面 15～35 千米。臭氧能够吸收太阳光中的紫外线，从而使得地面生物不被紫外线烧伤。当然地面上也有臭氧，但含量很低，且对人体是有害的。我们要做的是保护平流层中的臭氧层并避免地面上的臭氧对人体健康产生负面影响。

臭氧层能阻挡绝大部分波长 300 nm 以下的紫外线，主要是一部分 UV-B（波长 290 nm～300 nm）和全部的 UV-C（波长＜290 nm），使得只有长波紫外线 UV-A 和少量中波紫外线 UV-B 能够辐射到地面，从而保护地球上的人类和动植物免遭短波紫外线的伤害。长波紫外线对生物细胞的伤害要比中波紫外线轻微得多。那臭氧层的这个保护机理是怎么实现的呢？1930 年有人首先提出来，在我们平流层的氧气分子中的化学键被中短波紫外线的能量打开，使得氧气分子变成两个单独的氧原子，单独的氧原子再和一个氧分子结合就形成了一个臭氧分子。所以在平流层，因为受到波长很短的紫外线的作用，臭氧不断地生长繁殖，从而保护地面生物免受中短波紫外线的伤害。

实际上，很多科学家对臭氧阻挡紫外线的过程都有思考，因为臭氧层能保证人类免受紫外线的伤害，从这个意义上来讲它是很好的。但是如果为其添加了一些人为物质，那对臭氧层的功能会不会有影响呢？所以 20 世纪 70 年代有人提出，人类及很多生物过程排放的氮氧化合物进入到平流层，之后通过催化作用可以破坏臭氧层。这个话题在 20 世纪 70 年代是非常热的一个话题。当时人类要发展超音速的客机[①]，因为人们认为可以通过超音速客机来提高全球交通水平，但超音速客机飞行中排放的氮氧化合物却会破坏臭氧层。在 1974 年有科学家提出，在臭氧层某些原子起到了非常重要作用。当年还有人指出，人类当时大量依赖的智能氟利昂，会极大地破坏臭氧层。不过那时他只是提出这样一个观点，后来因为科学发展，科学家 1984 年利用臭氧光谱仪首次在南极上空发现臭氧空洞，也就是说当时南极上空的臭氧浓度远远低于南极平时冬天的浓度，而这些异常低浓度臭氧层的范围相当于北美的大小，即臭氧空洞的影响范围非常广。而关于为什么会出现臭氧空洞，当时有很多的争论。有人提出存在一种

---

① 到目前为止人类共有两种类型的超音速客机，一种是苏联研制发展的，一种是英国和法国联合制造的。

氯原子参与破坏臭氧的循环过程，从而导致了臭氧空洞的出现；后来有一对学者夫妇提出，在这个循环过程中形成的二级体氧化氯会加速臭氧的分解，因为氯原子和臭氧分子会发生化学反应，形成一个氧气分子和一个氧化氯分子，氧化氯再和氧原子发生化学反应形成一个氧气分子和一个氯原子，这实际上就是一个循环过程，而在这个循环过程中，一个氯原子可以破坏很多臭氧分子。

发现臭氧空洞以后，国际社会科学家通过很多方式，包括气球、卫星遥感、飞机航测，以及地面的卫星、激光等进行了大量的观测，以期测量臭氧的出现以及出现原因等。而有关大气中臭氧浓度的巨大变化，以及可通过化学反应生成的氯化气等证据，都证明确实是因为人类排放氟利昂而导致南极出现了臭氧空洞。而这种观测从此一直持续下来，人们每年都可以看到有关臭氧空洞的报道，包括何时出现、规模、范围等。

但是当前的问题是南极上空存在臭氧空洞。1990—2009年南极臭氧浓度很低，在一些极端情况下，比如2006年10月9日，在南极甚至基本上没有臭氧。那么地球上其他地方有没有存在臭氧空洞？实际上在北极也发现了类似南极臭氧空洞的臭氧损坏现象，而北极本身的臭氧浓度比较高，通过卫星遥感可以看出来其浓度通常是在500~600PPM，相比于南极，北极臭氧浓度的变化不是那么明显，但有时候其浓度会降到200~300PPM的范围。不过臭氧空洞的形成是多方面的原因造成的，在此不再赘述。

由于有关臭氧层空洞的研究对人类的贡献很大，因此20世纪70年代提出有关全球臭氧层破坏问题的三位科学家，在1995年共同获得了诺贝尔化学奖。而他们的工作实际上推动了目前为止，在全球最成功的环境公约《蒙特利尔议定书》的实现。众所周知，要解决气候变化这种全球性问题，人们面临的往往是非常困难的局面，因为这其中会涉及多方面的利益。那《蒙特利尔议定书》为什么会如此成功呢？我认为《蒙特利尔议定书》的成功主要有以下几个重要原因。

首先，科学家们在20世纪70年代提出会出现臭氧损耗的假设，而这个假设很快得到了印证——通过地面观测仪器和卫星遥感，在南极发现了臭氧空洞，随后科学家们就能及时针对空洞出现的原因进行研究并最终得出结论，从化学角度很好地解释了臭氧是如何被破坏的，同时证实了破坏臭氧的假设原因。这就促使国际社会于1987年签订了《蒙特利尔议定书》，之后1990年在伦敦、1992年在哥本哈根、1995年在维也纳、1997年在蒙特利尔、1999年在北京都不断地对《蒙特利尔议定书》做了修订和补充，使得人们的国际行动有了越来越严格、越来越充分的依据。而在这些工作的基础上，从19世纪60年代开始，大气中的氟利昂含量虽然经过了一个快速增长的过程且在1987年达到顶峰，但之后随着《蒙特利尔议定书》的实施，其含量就不断下降了。

我很自豪地说，我们北大环境学院在氟利昂含量下降的过程中发挥了非常重要的作用。因为是我们最早代表国家参加了《蒙特利尔议定书》的谈判，在公约制定后，制订国家实行方案时，我们提出了中国履行《蒙特利尔议定书》的国家方案。这个方案非常成功，被联合国作为范本翻译成五个文件发给发展中国家。这个方案中所有文件都得到了国务院的批准，作为国家的正式法律法规来实施。而我们在国家方案讨论过程中，也给国家争取了更多的国际多边基金赠款以淘汰氟利昂。这种赠款的出现对推动中国履行《蒙特利尔议定书》起到了很大作用，所以中国到现在为止，在很多方面都提前完成了《蒙特利尔议定书》要求履行的工作。我们学院推动和实施《蒙特利议定书》的几位主要老师，比如陶澍院士、张世秋老师、胡建英老师长期从事这方面工作。因为这些工作，我们学院也得了到国际上很多机构的认同，像美国环保局、联合国环境署，特别是2005年国际组织颁发了保护臭氧层贡献奖，唐孝炎院士是全球16个获得保护臭氧层贡献奖的人之一。

言归正传，实际上有了《蒙特利尔议定书》，全球的氟利昂排放量和臭氧的破坏程度得到了很大的改善，但这种幅度还是很小的。也正因为如此，《蒙特利尔议定书》后面又有了伦敦、哥本哈根和北京的补充协议，从而使得现在全球的氟利昂排放得到了极大削减。这种削减的效果可以直接从可观测到的臭氧浓度变化反映出来——20世纪80年代，全球的臭氧浓度一直处于下降趋势，而到21世纪初，臭氧浓度就基本上停止下降，甚至还有一定的上升。这实际上从正面说明，只要认真地履行国际公约，我们有可能控制全球的环境问题。而且，在公约履行的过程中，很多企业的产品实际上经历了升级换代的过程，而他们的损失并不会成为公约的重要阻碍。

而通过这么多的《蒙特利尔议定书》内容，保护臭氧层对气候变化有什么意义呢？《蒙特利尔议定书》之所以能成功保护臭氧层，其中有多方面的原因，其中有一个就是控制了卤代烃的排放量，减缓了气候变化。因为卤代烃和甲烷、二氧化碳一样都有自己的分子振动，同样也会吸收同样波长的地球辐射，因此它们也是温室气体。我们减少这些气体的排放，实际上就是减少人类对温室气体总量的"贡献"。所以从《蒙特利尔议定书》实施后，这种减排措施一方面使得全球卤代烃的浓度从原来的迅速增加变成急剧下降，这个差别实际上是保护了臭氧层，实现了气候保护的目标。不过它作为一种温室气体，我们可以计算出它们的这些减排相当于减少了多少二氧化碳排放量，从而测算出其对全球温室气体减排的贡献。这也说明未来进一步推动实施《蒙特利尔议定书》时，我们需要考虑怎样把这些气体与气候变化效率因素加进来，从而形成一个在控制臭氧层的保护中，也同时保护气候变化的双赢局面。

另外一个就是可以应对我们现在面临的挑战，这种挑战我们叫作"空心粉控制效益"。这个怎么讲呢？我们如果看到人类产生的各种温室气体的物质构成，我们看到的是二氧化碳、氧化钾、甲烷都是传播辐射的，因此它们是温室气体。卤代烃刚才讲了，它也会破坏臭氧层对它的控制。

臭氧实际上有很多特点，一是平流层的臭氧没有增温的作用，而是具有一定的冷却作用。这是需要我们保护的，因为保护臭氧层可以减少很多其他温室气体浓度的增加。二是对流层的臭氧是需要控制的，因为它对人体健康有很大的危害。所以对对流层臭氧的控制，既可以保护人体健康，也可以保护气候变化。毕竟对流层的臭氧，每个人都有机会遇到，不需要将其作为实际大气污染物。比如在复印机边上或工作时间比较长的打印机边，人们都可以闻到一种特殊的味道，这就是臭氧。吸收太多的臭氧对人体是有害的，因为过多的臭氧首先会影响人的呼吸系统，然后影响人的眼睛。

此外，刚才提到的颗粒物 PM2.5 包含了很多东西，包括硫酸盐、硝酸盐、黑炭等，而这些颗粒物通常来自于不完全燃烧的烟霾，比如机动车排放的黑烟，其成分大部分都是黑炭，而很多研究证明黑炭对人体健康有很大的负面影响。此外黑炭基本上可以吸收所有的可见光或者红外辐射，因此它也是温室气体。很多科研机构为了研究黑炭，已经建立了不少研究室，而且已经有一些研究成果，比如发现它的辐射强度在0.13，在南极、北极及青藏高原上，在冰雪表面的黑炭会加热冰雪，造成冰芯表面的融化，从而使得地球原来蓄积的冰雪或雪水丧失。因此从这个角度来讲，控制黑炭也同样可以保护人体健康和保护气候变化。

因为时间关系，针对这个问题我就不展开阐述了，总结一下我这次讲的主要观点。首先，二氧化碳、甲烷、一氧化氮和臭氧，都是由2—3个原子（甲烷由4个原子）组成的小分子，其浓度非常低，大概是几百个十亿分之一或者是百万分之一的比值，所以具有痕量性特点，叫痕量组分。其次，因为人们的活动导致现在这些气体的浓度急剧增加，进而导致全球气候变化，比如臭氧层破坏、空气污染等。再次，针对这些问题，人类需要控制，因此有很多针对这些问题的研究，也取得了不少成果。比如，发现引起这些变化的主要原因在于当前使用的能源，而人们当前的生活方式、能量消耗，以及生产食品过程中都会产生大量的温室气体。如果要减缓或解决这些能量对全球环境的影响，就需要改变人类的发展方式，而这在很大程度上需要依赖于未来的各种技术进步，比如新能源的发展。最后一个观点，就是现在实际上有很多针对国际问题的公约，其中很多是为了共同实现对相关问题的控制，而未来国际社会需要针对这些公约做大量的工作，对中国来讲，我们也希望中国的管理机构能够意识到这样的问题，主动采取措施，协调和促进全球国际公约的实施，提高环境保护效率。

第八讲
转型经济发展与法治政府

■ 吴志攀

主讲人介绍：吴志攀

曾任北京大学党委常委、常务副校长、法律总顾问，兼任北京大学亚太研究院院长、北京大学金融法研究中心主任，法学院博士生导师。1992年哈佛大学法学院访问学者，1997年美国艾森豪威尔基金学者。吴志攀教授长期从事金融法律研究，具有很深造诣，承担多项国家级科研项目。已出版《金融法概论》《国际金融法》《资本市场与法律》等十余部著作。

内容介绍：改革开放三十余年以来，中国取得了很大的成就，不仅深刻地改变了中国的面貌，也对整个世界的格局产生了深远的影响。面对社会转型期的经济发展和法制建设问题，吴志攀教授将引领我们探讨政治体制改革、经济体制改革方面的宏观调控法、市场规制法、大政府小政府、跨领域研究等一系列制度和理论问题，提出从人治的政府转向法治政府、建成完善的法治政府是中国政治体制改革的关键等。

我非常荣幸能到这个讲堂来跟大家交流，我想讲一下转变经济发展的方式与法律保障，具体会谈到法治政府的问题。大家来自不同学科，我这里可能会涉及商业、金融、市场营销模式与法律。我本身是以法律为专业的，在涉及各位的学科的时候，如果讲得不对，大家可以指正。

改革开放三十余年，我们国家在经济上取得了令人瞩目的成绩，这点毫无疑问，从一些数字都能看出来。1997 年的亚洲金融危机、2008 年的世界性金融危机，我们基本都成功地化解了。可以说金融危机对于我们日常生活的影响，包括对学校的日常影响都不是很大。但在美国加州的某所非常著名的大学，因为金融危机，政府的财政预算减少，所以他们大学的教员的工资减少 10%，这就是受到影响了，在中国减工资的情况不多，这是非常了不起的。但是我们现在也确实到了一个关键的时刻，以前支持我们发展成功的那些要素，包括投资、土地、劳动力都有一定的代价，可能是比较严重的生态破坏，或者是资源浪费。因此，如果我们今后二十年再继续这样走，或者今后更长时间还要这样走，就没有可持续性，因为土地资源供应是有限的，劳动力的成本会逐渐上涨，资源价格也会逐渐上涨，所以这是不可能的。另外一点就是我们正面临着世界经济的大变局，我们可以看到黄金、石油、美元的价格都在变化中，在这样的情况下，我们继续过去的发展模式，大量的外汇储备可能就会被蒸发掉。同时，旧的经济发展模式还带来一定的贫富分化，社会问题也不断增多，安定问题也突出了，所以不管是经济还是其他方面，都可以看出，我们已到非转型不可的时刻了。

我们比较骄傲的首先是我们的经济总量，早在 2011 年第二季度我们的经济总量就超过了日本,达到了 57000 亿美元,日本是 54000 亿美元。但是如果换一个角度看,我们就不骄傲了。我们的人均 GDP 排名很低,我们 2010 年人均 GDP 是 4382 美元,仅排世界第 95 位,我们总量是第二位,但人均就排得很低,排名靠前的很多都是小国家,甚至还有些存在债券危机的国家。这个就很奇怪,它的政府没有钱,可老百姓有钱。你可以看到前 10 位有美国,非常了不起,因为它是三亿多人口的国家。像德国在欧盟里面是最强的,它也就仅仅进入前 20 名。

  这说明什么呢?这就说明人口比我们少得多得多,面积比我们小得多得多的一些小国靠某些行业,人均 GDP 就变得很高。卢森堡就是做金融的,像澳大利亚、卡塔尔、阿联酋都做资源。瑞士、德国、日本做设计、科技。英国和澳大利亚的教育非常好,虽然制造业很衰败,但是外国的留学生非常多。而且,据我所知澳大利亚的教育部采取"饥饿疗法",只管大学 40% 的预算,60% 让学校自己去挣。怎么去挣呢?收留学生吧,留学生费用很高。到澳大利亚留学的亚洲人很多,其中中国人最多。但不仅是亚洲人,令我很吃惊的是,我在一所大学访问,那个大学有一千多人是从美国去留学的,我问美国人为什么上你们这儿来留学,我们总认为美国的教育水平会比它高,人家不至于会到你这儿留学吧。但是当地校长说不一样,他们的硬件不比美国差,但环境比美国好,自然环境更不用说了,澳大利亚自然环境是全世界最好的。巨大的鹦鹉在你身边一群一群地落着,你去喂它也行,不喂它也行。你随便到一个水边,水里可能就游着黑天鹅,各种鸟也会来,找你要面包吃,你给也行,不给也行。你要是准备给的话得小心点,鸽子,还有各种飞禽都会落你一身,你轰它们也行,不轰它们也行,简直是动物的天堂。你走路开车,经常会有提防袋鼠的标志。它的自然保护是太好了,所以很吸引美国喜欢自然的那部分人,而且它的学费比美国低,质量不比美国的差(除了一流大学以外的那些),这也是一个原因。另外就可能是做传媒、做出版的了,像德国、日本、英国,出版业非常强。还有做奢侈品的,像法国的包、箱子、鞋、西服,还有各种的装饰品、香水、酒、化妆品。旅游、休闲和体育产业更是这样。西班牙人均 GDP 虽然排不进前二十,但是西班牙的体育产品太发达了，几乎去旅游的人都会抢购，我去那边开会，当地人拉我们去一个足球商店，像我们的沃尔玛那么大的，只卖跟足球有关的产品。某个运动员几号的球衣、吉祥物、他们穿的鞋子和各种照片。反正那么大的商店有看不完的产品，虽然他们经济不是太好，政府也没有钱，但是这些东西很值钱，为什么一个皇家马德里或者巴塞罗那的球员转会会这么贵，怎么会出得起这么多钱呢？这是因为一个巨大的体育产业在支持他，非常非常大。买一个球衣，就是一个T恤衫，上面印着10号，那就要150欧元，150欧元差不多就是1500元了，我这套西服还不值那么多钱，至少还能穿出来接待人，还像个样子，我要穿个球衣来你们会怎么样？可那比我这个贵多了，所以这是不能同日而语的。

另外手工业的产品，比如瑞士军刀和德国的各种刀具，以及精密仪器，我们的很多仪器都是德国、瑞士、意大利、日本生产的。中国的纺织业很发达，但是纺织机械大都是他们做的；我们制鞋业很发达，但我们制鞋的机械也多是人家做的；包括矿泉水瓶子的注塑机很多也是德国的，或者是意大利的，这样就很麻烦。还有生产可乐的易拉罐所用的薄的铝材的轧铝材的机器也大多是进口的。工作母机，又叫装备机械这方面我们还要再发展。因为它要求非常精密，要求非常多，要耐得温度、湿度、长期运转也不能改变，1975年我在工厂当工人时，我们的车床可以把一毫米分成一百份，现在这些车床已经可以分到一千分之一，一毫米的一千分之一，甚至有的能分到几千分之一，这些机械非常精密。

我们再看金砖四国中的巴西，也有比我们强的地方：它的航天航空业比我们强，虽然它的机械制造业现在我们已经超过了。巴西的航空业很强，支线飞机是全世界第一。过去有三个国家支线飞机可以竞争，一个是巴西，一个是加拿大，一个是德国。德国那个公司已经破产了。加拿大的支线飞机虽然非常好，但是现在做不过巴西，巴西飞机便宜。我们跟巴西在哈尔滨合资了一个工厂做支线飞机。民用飞机我们分两档，一档叫大飞机，大飞机有两个概念，一个是起飞的重量在一百吨以上，一个是一百座以上，以下的叫支线飞机。我们现在在上海做ARJ21，就是支线飞机。我们也在做大飞机，但是我们的飞机能拿到美国的适航证吗？不容易，巴西拿到了，巴西的支线飞机可以到美国去飞,可以拉着客人到美国去降落,但俄罗斯的飞机不能到美国去降落,美国不给它适航证,不是技术不行,是市场垄断。美国只给空客适航证,给波音适航证。我们给所有飞机适航证,等我们做出来自己的飞机,可能大部分的时间是在我国的航线飞,这也够了。中国现在的飞机需求量非常大,我们在 2020 年时要买 2000 架大飞机。

另外,印度虽然信息产业很发达,但人均 GDP 很低。既然印度有这么好的产业,为什么它的人均 GDP 还这么低呢?原因就是这个行业从业人员比较少。我前几年去印度做数字图书馆的考察,发现他们只有 200 万人从业,但印度的人口是 11 亿。我们现在超过 13 亿人,我们的产业工人,就是生产线上的工人有两个多亿,还有 1.5 亿是流动的,生产订单多的时候他们就从农村来了,生产订单少的时候,他们就回农村了,我们有 3.5 亿工人。所以我们在制造业方面的人口比例比印度要高得多。印度的人均产值少,那儿的人力便宜,比如做计算机的人就比我们便宜,我 2007 年,还是 2006 年去的时候,印度的计算机专业博士毕业的起薪是 400 美元。博士赚 400 美元,能干什么呢?据说可以娶个太太,养得起两个孩子,还可以租一个两室一厅的 60 平方米的房子,然后还可以买一辆塔塔牌的小轿车。大家知道塔塔集团是印度最大的企业,从钢铁到车都是非常好的。塔塔牌车能做到一千美元以下。《数字化生存》的作者尼葛洛庞蒂说能做一百美元的计算机、笔记本电脑给穷人用,印度科学家说你太不知道天高地厚了,我们 47 美元就能做了。就是这么便宜,所以它的 GDP 低也没办法,它什么都便宜,非常便宜。当年,我在法学院工作的时候,我们请的大学计算机系的二年级的学生帮我们法学院做网站,那时候我们一个月给他 5000 元他还嫌少,人家还是业余时间来做,上课归上课,考试归考试,什么都做完了到法学院帮我们做了一会儿,我就感谢得不得了。这要博士出来,估计得 4000 乘 10 吧。我们人力成本确实很贵。

上面的数字说明了什么呢?说明我们产业链处于低端,我们干的活儿不如西方,甚至不如亚洲的一些发达国家那么值钱,我们虽然很累,但是我们干的不值钱。这就说明我们经济发展的效率不高,但是我们单位 GDP 的消耗原材料很大。如果这样的状况不改变,我们不可能进到人均 GDP

前20位，我们短期连进到前50位都困难。那么我们怎么做才能改变这个情况呢？就是要改变产业链的结构，不能三亿多人都去做低端产业链。至少我们在校的毕业生要在创意这方面去做，要在资本运作上去做，要做营销、传媒跟广告行业。我们还要做一些物流的设计和配置，每个产业链大概分六个部分：创意设计、农业原材料加工制造、加工运输，加上广告、营销、资本运作。六个产业链就能把一个产品生产出来，那么每一个链分多少钱呢？理论上，每个链分六分之一。按照过去我们经济学所讲的，利润是均衡的，如果不均衡的话，这个环节就会向另一个环节去转化。如果哪个环节的工资高，那么人们就会往高工资的环节转，转的人太多了工资又低下来了，然后再均衡，不断地均衡。因为市场是自由的，市场是不能有水坝的，但是现在不是这样了。现在，比如做创意设计的人所消耗的能源不是太多，坐在办公室用点空调、用点电灯、用点电脑的电。做资本并购也是这样，不需要大量的资源和能源。但要做加工业就不是这样了，需要大量的电力，需要大的锅炉、大的厂房，甚至大的车间、仓库，生产线上三班倒这样的情况。显然高技术、高知识、高资本的能赚很多钱，但并不消耗很多的资源，消耗的是脑力，这就变得非常不一致了。

我们为什么长期不能改变我们处于产业链低端的状况呢？并不是说我们学校教得不好，也不是说各位学生的竞争力不行。到美国后，我们多数学生的功课都很好，尤其是数学都比美国同年级学生的好，为什么呢？这就是中文跟英文的差距，你用中文数1到10，这时间是用英文数1到10的二分之一。所以，当中国小孩开始用中文数字来做数学题的时候，就比美国小孩省时间。省时间就能多做题，人家做一遍，你做两遍了。因为我们1到10全是单音字，英文就不是。英文你刚念到6的时候，中文10都念完了，这就是中国人为什么数学好的原因。当然这是我的一己之见，可能有人说你不是搞理科的你不知道，你在这乱说。但是我发现我的小孩就是这样，他是学文科的，到美国数学考得很好。我后来觉得这就是中文省时间的地方，虽然我们学习好，整个产业链却还是这么低，为什么呢？这就是知识产业化的问题，知识产业化会遇到法律问题。法律把创意各个环节都保护起来了，保护起来以后你想流动的话，不那么容易。所以中国人想做设计，但由于可以全世界找做设计的，会找我们吗？包括我们奥运会、亚运会的建筑，也会找国外大牌设计师，他是名牌的，你不管他做得好坏，做得漂亮不漂亮，出于对名牌的迷信，总会找他的。在资本运作方面，有国际信誉评级，中国即使也有评级单位，但它评了大家不当回事。标普给美国政府降一级，那股市立刻就不一样了，美国总统马上出来谴责，中国要给他评低点，他就不当回事，这个影响还是不一样的。

所以知识产权被保护起来之后，长时间内它们会得到被保护的丰厚利润。而且要想改变它很难，我把它称为"知识领土"。我们有物理的，或者行政的领土，也有知识的领土。整个世界的知识领土被重新划分了，被那些人均 GDP 高的国家占据，它们虽然行政领土很小，但是人均 GDP 很高，知识产业链站得很高。它占的知识领土超过它的领土面积很多倍，完全跨出国境。我们虽然很大，但是我们的人均 GDP 很少，我们的人均知识领土很少，甚至知识领土都拱手让给人家了。比如说《功夫熊猫》，大熊猫本来是中国特有的，但我们拍不出，人家就拍出来了；花木兰也是中国的，但也被外国人拍了，拍出来就有人看。最近有一本书专讲藏獒，这个书也是中国人写的，还拍成影视片，韩三平做制片人，但是日本人投资做的，叫《藏獒多吉》。你看就会发现他做的确实不错。当知识领土已经占上了，你想把它驱逐出去，你去占，很难。你只能重新再开新的，好在这个疆域是知识的疆域，是无限的。已有知识领土就这么大，四分天下、三分天下都已经占满了，我们要再占，再去抢人家就会很困难。

知识领土就是这种情况，所以经济转型也就是开辟新的知识领土，我们必须要在劳动力密集型环节进行提升，比如说，我们确实需要大量的劳动力，但不是让所有人都做那样的事。我们还有一些人要分配到做创意上去，有一些人要去做营销，有一些人要去做资本环节，有些人做物流环节，有些人去做其他环节。这样把不同的人分到不同的环节，每一个环节都把它做大，我们整体上就会快，整体和人均的 GDP 就会改善。否则就算我们再去增加厂房，再去增加更多的衬衫厂、鞋厂、箱包厂也是不行的。

现在有一个大的因素就是法律的因素，过去我们知识产权法的意识不强,使得我们也不会去开拓新的东西。我们做一些仿造品是微利,短期的。我举几个例子来看新的创意在高端产业里怎么赚钱的。我们先看一个饮用水的例子。浙江是中国饮料产品比较发达的地区,大家知道浙江的面积跟江苏一样大,江苏的GDP远超浙江,但是浙江跟江苏的人均GDP差不多。浙江人口比江苏少。但是江苏是平的,浙江是山区。中国十大饮用水品牌里面,有两个跟浙江有关,一个是娃哈哈,一个是农夫山泉,虽然农夫山泉这个公司不是浙江的,是海南养生堂,但是水源地在浙江,在千岛湖,在淳安县。这两家公司真是了不起,但是他们的模式不是他们创造的,是引进欧洲创造的饮用水的模式。他们之间有一个本质区别:农夫山泉号称是从湖里面,就是千岛湖里面提取的水,自然水取出来的;娃哈哈是任何城市的地下水抽出来经过过滤之后才装进瓶子里去。所以这两个公司的成本是差得很大的。

我们接着分析饮水模式。在我们小的时候,比如说三十多年前或者更远的时候,是没有把水装到瓶子里卖的。那时卖这种瓶子的没有,做这种瓶子的材料也还没出现。所以我们大多是在家喝茶,出去茶馆喝,或背个铝制的行军壶。那时候我们称为两壶模式,茶壶和行军壶,这是我们装水的容器,然后有茶杯。因此我们茶有品牌,水没有品牌,那时候没有农夫山泉水也没有娃哈哈水。水都是不要钱的,水就是井水、河水,就像空气一样是公共资源,只需要花费很少的钱,比如打井费、自来水费,但实话说,成本可以忽略不计。茶壶和行军壶,这两个容器的设计理念都是中国传统理念,在外面是看不见里面装的东西的,倒出来才能看见。外国人经常跟我讨论这个问题,说你们中国很多东西是不让人看的,比如说包子、饺子、月饼,都是包着的。但我们的三明治一定是开着口的,我们的巴西肉饺一定是开着口的,墨西哥肉饼也是开着口的,我们不会把它全包起来,我们的披萨也是如此,你包起来不知道里面是什么东西,敢吃吗?所以这就完全不一样。我们的文化有非常秘密的感觉,我们都包起来谁也不让看。水也不让人看,放在茶壶里,所以我们的水是不卖的,不让人看到水的形态,那你就没法做水的品牌。连酒也是这样的。茅台酒的瓶子是瓷瓶,也是不透明的,为什么不让它透明呢?可能是不让阳光照射这个酒,让酒的味道能保存得好一点，葡萄酒的瓶子也是很深的颜色，防止阳光照射进去，瓶身颜色暗一点，保护里面的东西。水就不行，水必须让人看见是无色的。带颜色的水你敢喝吗？这肯定不行。

所以我们这个壶最后发展成收藏品、奢侈品了，非日用化了，或者仪式化了。但是水产品的设计就不是这样了，它一定要便于携带，一定要透明，盖子要容易开启，你可以仔细观察一下矿泉水的瓶盖，它就是一个环，你不用绕 360 度就能把它打开，如果 360 度还没有打开的话，那你已经烦了。宗庆后曾在电视节目上表演过，他转三道，一下就打开了。而且它一旦封上的话，一定不会漏，这样便于携带，不容易损坏，这都是它的要求。所以就不一样，我们后来发展出一些这样的东西，但这不是我们最先发展的，这些材料最先也是从国外开始发展，我们拿来的。但是它们有一个特点，跟茶壶不一样，跟行军壶也不一样，都是透明的了，这就不一样了。这种水再往下包装，就变成现在这样了。酒瓶子喝完还留着，水瓶喝完就扔垃圾筒了，就不一样了。既然发明的新材料被市场接受，那么做设计的人马上就想到了，这种材料这么好，又无毒，那我们的水就能包装出来运到远处去卖了。这时广告的作用就非常大，然后营销渠道起的作用也非常大。这些创意都有良好的法律保护，这样他们就可以把法国的水卖到中国来。而我们呢，往另一个方向发展，往高超的技艺上发展，我们倒茶要表演者在极为困难的情况下，把茶水倒进碗里不要洒掉。因此不太需要法律保护，因为你很难抄袭，所以它是仪式的东西，仪式的东西不需要保护。因为它高难度，也不能大规模工业化生产，所以我们就是在法制法律不完善的情况下，依然能够发展出我们的这些卖水的方式，事情就是这样的。它不会发展成像这种大规模生产的，必须完善法律保护品牌这样的模式的。但水就不一样，比如农夫山泉是从千岛湖来的水，千岛湖运到北京几千公里，相比你从某个水管子里接出来的水，那就非常贵了，所以必须要保护它。欧洲最先将水设计出了品牌，这些品牌被保护之后，消费者就开始接受了。这跟它的红酒、香水、巧克力、奶酪、服装、箱包、剪刀、皮鞋一样，有牌子、有故事，然后给人的感觉就非常不一样了，人们看着就是那么顺眼。所以改革开放之初呢，西方的瓶装水就进来了，它们进来是因为外国人要来，外国人喝中国的饮用水可能水土不服。我遇到过这样的人，喝了几次中国的水马上就拉肚子，上医院打点滴。等从医院出来他们再也不喝这水了，一定要喝依云，从早到晚就喝依云，那时候依云我们觉得确实是非常贵，但是相对他的工资来说可以接受，他在外国就喝，在中国也喝。

"依云"拉丁文的意思是"水"。依云矿泉水的水源地保护得非常好，在 500 千米以内是不能有污染的，二百多年来保持不变。这里面有很多故事，最早说有一个王室成员有肾病，喝了依云水源地的水后病好了。大家知道了都去喝那个地方的水，后来就开始卖那个地方的水，依云水就开始了。依云卖到中国来，当时我都不看好它能赚钱，但是依云真的赚到钱了，尤其是后面的一系列的产品：依云矿泉喷雾系列、依云面膜系列、依云防晒系列、依云高尔夫系列……所以把牌子做出来就可以了。但是我们要想做到它那么好很难，我们的娃哈哈的面膜系列能卖到美国去吗？农夫山泉高尔夫呢？这很不容易。但我们现在也开始了，因为中国人到外国投资，到非洲、到肯尼亚，有些人不能喝当地的水，会拉肚子，会得疟疾。

我去苏丹给当地的石油工人讲课，当地人告诉我，不能喝水管子里的水，要喝矿泉水。我到印度去考察，也是不能喝当地的水，刷牙都不能用水龙头的水刷。所以现在中国的品牌也都出去了，像广西的水卖到越南，卖到老挝、柬埔寨。像我们西藏的水也卖到尼泊尔，卖到我们的边界去。我们中国人去的那些地方我们可能都会带着中国的水走，比如说娃哈哈、农夫山泉，现在大部分国家都会有中国的水卖。因为你不开瓶子的话，在常温下它可以保存 18 个月，所以它就能运到很远的地方去了。

水的运营模式跟知识产权是非常相近的，是我们日常生活中的一个公共产品。它经过包装、经过宣传后变成了一个非常重要的产品，甚至是奢侈品，那价值就完全不一样了。这方面就需要有严格的法律保护，保护之后就变成知识领土的一部分。瓶装水就占住这个地方了，它的营销模式也全占住了，市场也全占住了，再想把它从市场挤出去不容易。为什么呢？因为它的价格很便宜，比如说娃哈哈的价格很便宜，你比它还能便宜吗？很困难，它量很大，你做不过它。农夫山泉也可以做得很便宜，谁要敢跟它争，它就降价，只要你争不过它，它价格就会再回来。你不可能再去争这一块，只能再想办法做别的去。

我再讲一个例子，也是一个新的设计，在我们有网络之后，有商店在上面开了，你买东西得付钱。当然付钱你不可能写支票寄过去，跑去付现金也不可能，得在网上付，这样网上支付就很厉害了。为什么呢？很简单，因为它的支付是 24 小时不停的，你半夜三点想买东西，打开电脑就可以买，可以付。网上是 24 小时能买，它不需要仓库、不需要售货员，什么都不需要，完全是机器在转，你要是愿意消费，它永远开着，不像沃尔玛十点钟就要关门了。半夜三点到沃尔玛去的，除了工作人员，很可能是小偷，不是消费者，但是半夜三点去网店那是消费者。所以我们传统的商业银行的支付，就受到了很大的挑战。但是我们过去的所有法律资源都投在传统的这部分，比如说票据法，投了很多，但是我们对这些新的东西的相应法律呢，还在继续跟进。比如说我们的传统消费，一个客户在浙江银行开户，一个客户在上海银行开户，如果他们之间有买卖关系的话，把支票或者发票、汇票交给自己的银行，自己的银行到中间去换，换完了之后把账弄到对方的账上。因此我们会有空头支票，会有透支，会有支票的印章和钱数不符等。我们有很多的法律都是管这个的。这产生了很多限制：你必须在上班的时候，必须要拿到这个票，必须要盖章，还不能有各种折叠，还有会计现场的验票，还要拿身份证，一堆事，这都很受时间的限制和空间的限制。

但是在网上支付这些都没有了，两个人在不同地方无所谓，只要到网店去，大家约定好了，你同意支付，它自动就给你付了。那么这事为什么银行没干，让民间的公司给干了呢？这是非常奇怪的，因为我们网络银行比支付宝的历史要长，网银，比如招商银行的网上银行就开得很早。但是现在为什么支付宝给抢占了这块地方呢？这就是马云的成功之处。因为我们现在这个制度中，银行不承担支付过错中的任何赔偿，比如说你在商业过程中找了假币回来，你不能找银行去，他不管。但是支付宝就不存在这个概念，它的设计中第三方担保支付，买卖双方通过我交易，如果出现责任问题我支付宝赔，这样大家就敢用了，一用，人就多了。支付宝开户会有什么好处呢？它有一个很大的好处，就是你可以没有信用卡账户，可以没有网银账户，就在支付宝上开一个户，存钱进来。到时候输入密码，你就能付这个账的钱了。这时银行就发现了，有些储户不到我这里存钱了，用支付宝不用我了。

再举个例子，这是本人非常喜欢的一个产业，动漫，现在杭州动漫产业是非常大的。然而我发现我们的故事都是在外边做的，知识领土都是人家的，我们自己的版权是不要钱的，因为作者是谁不知道，或者这个作者已经过去了，他后人也不来要。比如说《三国志》作者后人找不着，人家画漫画不用给钱，《白蛇传》是民间故事，那更没版权了。我们现在这个动漫原创是非常难的，但只有原创才能做出牌子来。然而如果是做原创，盗版就很厉害，就很难收回成本。所以我们大部分都只能做加工。但是现在遇到的麻烦是什么？我们的加工费越来越贵，而朝鲜加工费便宜。朝鲜做动漫不差，它给法国加工。法国是欧洲动漫做得最好的，欧洲整个动漫市场的40%都是法国的，法国很少找我们加工，第一贵，第二不听话，老有独立的思考，这不需要，朝鲜是人家让怎么画就怎么画，而且画的水平不低。缅甸对我们来说是非常不工业化的一个地方，居然动漫也做得非常好，也极不可思议，越南也是，印度更不用说了，做得很好。我就说日本，几乎是我们的五分之一的价格，都是在外国上映，票房是外国票房。成本越低票房就越高，差价就越大。所以我们一定要走原创，现在开始有原创了，当然我们这个原创还差得很多。

《千与千寻》这个电影大家看过吧？这个电影非常好。2001年折算的票房22亿元人民币，304亿日元，手绘的，300多人画了二十多万张图，然后拍出来，弄成电影放。原创是宫崎骏，还有原画设计、故事导演都是他做的。这个票房非常了不起，我不知道在日本，不光是动漫，所有的电影票房有没有超过这个的票房？所以不要小看这个行业，它的价值、产值巨大。《千与千寻》的制作时间大概400天左右。400天投资两个亿，回来22亿，扣掉2亿还有20亿的收入。能在一年多的时间投入2亿，回来10倍，什么产业能做到这样？没有啊。

法国从事动漫业开发的专业人员达3000人，跟这个行业有关的人是

10万，有上色的，有各种各样配音的。日本也差不多是这个情况，日本的产值是1.5万亿日元，我们现在有282所大学有动漫专业，有一千多个培训中心做动漫培训，在校生是60万人，人是很多，但是如果原创上不去的话就非常麻烦。都去做加工的话用不了这么多人，或者加工价钱就变得很低了。但是做原创需要法律保护，否则你投了很多钱，人家一拷贝你的成本就拿不回来了。所以一定会在法律保护比较好的地方出现原创，它在当地的票房就够本了，其他国家上不上就无所谓了。所以这才是知识密集型加劳动密集型，因为需要几百个人画一年，或者做几年才能做出来，这就不是简单的劳动密集型了。这样的情况带有很强的手工业性，但是它的产业性非常强。做动漫不是仅仅一个片子，它的衍生产品更不得了。美国的迪士尼乐园就是一个衍生产品。日本有吉卜力，宫崎骏的动漫博物馆就叫吉卜力，他工作的工厂也叫吉卜力。布鲁塞尔的动画博物馆都是靠卖衍生产品来做的，所有的这些玩偶做出来，附加值就跟足球一样了，如果小孩都要用，甚至大人都要的话，这就不一样了。光宫崎骏找久石让做的音乐，版权收费就不得了，我们现在好多配乐都用那个音乐。这就是高端产业链的要求。

为什么我们很多这类产业都在浙江呢？比如说动漫最大的产业、产值地区在那儿，水做得很有名的两个品牌在那儿，支付宝也在那儿。我就很奇怪了，是不是浙江的法律环境好呢？也不一定啊，浙江比江苏好不到哪去啊。还有什么呢？大家伙发现有一个东西浙江有，别的地方没有。在世界各地乃至于中国各地我们都会发现浙江村，我们就没有发现江苏村，没有发现北京村，也没发现上海村，但我们会发现浙江村。就是浙江的人在外地居住在一起，然后他们在那儿做生意。这就是很奇怪的现象，所以马云他不会出现在我们这儿，也不会出现在江苏，他会出现是跟地缘有关的。因为浙江走出去的人很多，向全国各地走的人很多，甚至向全世界走的人都很多，因此对外的交往可能就很多，浙江的民营企业非常发达，以至于它走出去、引进来，眼界非常好。在相对比较好的法律环境下，有这个特点的话，会出现上面我提到的现象。所以想实现商业的繁荣，至少有三点值得注意，第一跟市场法律相关，这三个大企业法律保护就比较好。在当地不可能出现侵权的情况。另外，本地与世界的联系也比较紧密，这在浙江实现了。还有就是，本地的民营企业规模都很大，民营企业的创新能力都很强。如果这三个条件都具备的话，可能就会出现这种集中性的情况。

从上面的例子可以看到，在国际市场最盈利的这些经营模式，都是在法律保护比较完善的地方发展起来的，是在跟世界交往比较密切的地方发展起来的，也是在民营创造力很强的地方发展起来的。这样就使得产业不断升级。美国的微软一定是民营企业，苹果公司一定是民营企业，谷歌也是。举欧美为例，或者举日本为例，都是参考借鉴他们的经验。但是他们的路我们不能重复，因为重复的话，我们不可能在它的领土上站住脚。我们必须在外面的空间再去创新，要以我们自己的经验来做我们自己的事。我们之所以过去比较成功，也是按我们自己的经验来走的。我们的现行法规有多少呢？全国人大加人大常务委员会颁布法律有253件，行政法规即国务院以上的有将近700件，地方性的法规有8800件，加上自治条例有700多件，所以我们的经济建设、政治建设、文化建设和社会建设以及生态建设都做到了基本上可行。但是要知道法律界有句话叫徒法不足以自行，法没有长腿啊，法不可能自行，所以我们还需要有一个执法经验的过程。这个过程是个积累的过程，而且积累的时间越长，这个执法的效果会越好。但如果执法过度，大家就可能产生反感。所以它是双刃的，我们现在最缺的不是法律，我们最缺的是执法经验。

我们在二十多年前宣布成立社会主义市场经济法律体系，到今天建成才只有二十多年，二十多年的经验和那些有上百年经验的法治国家相比，就非常差了。原因是什么呢？原因在于我们在一定要用法律的情况下，感觉法律是一个很粗的东西，而实际上不应该是这样的。要做好法律就像烹小鲜一样，翻它的时候要小心，翻腾大了就碎了、烂了。所以每当我们真正执法时就要用烹小鲜的态度去执法，这可是非常难的，一不留神就弄错了，就出乱子了。这些怎么体现呢？以我们的市场状态为例。它经常会重复地出现一个怪圈，就是一放就活，一活就乱，一乱就管，一管就死。这个问题我们到现在也没有完全摆脱，但是从活到死，从放到乱这个过程循环一次的成本很大，资源浪费也很多。

举个例子，上级说我认为我们的电力过剩了，然后中央发文，火电项目一律不要了。于是，到夏天十几个省缺电，然后就采取工业让电。什么是工业让电呢？就是工厂停工，保证居民用电、医院用电、学校用电。然后发改委再放宽火电项目，各地纷纷上马，最后电过剩了，这就是折腾了一圈。再看另外一个情况，电不够不是电力不够，是煤价上涨，电价没有调，工厂发电就吃亏。所以工厂在用电最高峰的时候检修设备，机器停了，他们就少烧点煤，少亏点，那电又不够了。所以这就不光是电力的问题，电价调不好，煤价跟不上也是这样。因此需要调得非常微妙、非常细微，还需要及时地再调。还有一些电解铝项目也是。我们是进口电解铝的大国，政府就开放电解铝项目，导致全国电解铝项目纷纷上马，三年以后中国成为电解铝出口国，这样氧化铝粉就涨价了，大量从国外进口，导致国际市场氧化铝涨价，随后又导致电解铝过剩了。所以我们这个怪圈时常地重复，老找不到细微的调节方式，避免这种忽高忽低的情况。

为什么会这样呢？原因在于我们有一个大国效应，我们超过13亿人口，面积、规模都很大，跟卢森堡那样的效果没法比，所以假如我们要放的话，各地的积极性都会被总体地释放出来，个体的力量、各个单位的力量、各个部门的力量、各个省区的力量都放出来，这个力量是非常大的。因为我们高度一致，就是目标也是单一的。再一个我们的市场空间非常大，从1840年鸦片战争时就发现这个事实了，当时西方国家都要到我们这里来卖东西，你不开放市场就拿枪打，所以现在世界奢侈品都一定到中国来卖。我们还有一个问题是，做什么事都是统一时间一起做，春运春晚都是这样，外国人也非常奇怪。买火车票，到春节前、十一长假前，都得排大队。外国人也有在中国过的，说你们为什么除夕晚上都得回家？我们圣诞节也没这样，寄个圣诞卡打个电话，我们也不可能都往老家走。中国人过节的观念实在太强了，在除夕晚上也基本会看春晚，这样上春晚的人一下就红了。所以我们是最大的市场，也是最混乱的市场。

从过去的农业经济，我们转到起飞经济，这30年我们都在起飞，都在8%增长。当增长到经济成熟的时候可能就不能那么高了，会往追求生活质量上发展。你会看到法国、美国、日本在以 2%、1%的速度增长，但它的 GDP 还是比我们高，人均 GDP 还是比我们高。这就证明它不需要那么高的增长率。起飞经济是 8%到 12%，成熟后达到 3%就不得了了，它靠什么呢？它靠做动漫能做到 3%，你知道那是什么动漫吗？都卖到我们国家来了，你想想它是什么产品？达到 3%就非常难了，要想达到 8%还得了？所以等到追求生活质量的经济，达到 3%已经是奇迹了。传统经济下的就业非常充分，都做农活，钱很少，都天天干。起飞经济也需要大量的劳动力，到了成熟经济就用不了这么多人了，行业就转移了，这种情况需要很特殊的技能，或者市场机遇等。等到追求质量经济时我们达到 5%就很了不起了。西方那些地方失业率非常高，但是饿不死，失业率的意义并不是太大，物价指数也是一样的。传统经济物价指数波动很大，因为靠天吃饭。粮食歉产了就很贵，丰收年粮食就便宜。到起飞经济物价指数就可以控制，到成熟经济就涨不上去了，因为所有东西都过剩，所有东西都由起飞经济的国家来提供，很便宜，涨不了太多。所以我们现在也在往那边转，慢慢就要改过来。出口也是一样，像发达国家成熟经济对不发达国家既出口工业品，也出口农业品，比如说法国的面包卖到中国来了，法国的巧克力卖到中国来了，意大利的奶酪卖到中国来了，酒也卖到中国来了，这些都是一样。好多农产品我们都进口，所以我们的调控也会发生一点变化。

那我们今后怎么才能做到把产业链提高？就是最关键、最根本的，法制要解决三个问题。

第一个问题就是要清晰地、合理地确定中央政府和地方政府的界限。这是非常重要的，因为中国是个很大的统一经济国家，中央权力非常大。不像美国，它的州政府权力很大，我们的省政府没有那么大权力。但是这个界限应该非常清楚，一个是权力是什么？利益是怎么分配的？我们地方还有三级政府，这三级之间又怎么分配？这是非常非常复杂的，我们现在比较粗。

第二个建议，就是我们要清晰地、合理地确定政府与市场的关系。除了政府自己的系统内要搞清楚，政府跟市场也要搞清楚。现在有些行业是政府监督的，政府就不能从事这个行业，要从事这个行业就别监督，这两个不能混淆。

第三个我们会把促进公平正义作为政府的基本价值追求，因为政府是为人民服务的政府，就应该考虑最广大人民的最根本利益、弱势群体的利益。

综上所述，我们就把这些关系处理好，而且要非常非常小心地、细微地，像烹小鲜那样轻轻地做，慢慢地做，去积累经验地做。这样我们才能把这个工作做好。最后，我们会鼓励我们的教育，鼓励我们的人才去开拓更多的知识领土，而不是在人家的领土上跟人家去争，争也没法争，因为法律已经保护它了。只有这样，中国的产业链才能提高，人均GDP才能提高。等中国人均GDP提高了以后，GDP总量必然高了。所以调不是怪圈的关键，关键还是要转型，就是产业要转型，把大量的人从产业链的加工行业分到各个行业中去。当然转型是非常困难的，需要大量的教育，需要法制，需要走出去、请进来，需要接受浙江村这样的概念，我们才能够成功。当然现在转型已经开始了，你要到企业中去，会看到非常具体的情况。

第九讲

大脚革命：重归桃园——土地与城市设计的理论与实践

■ 俞孔坚

主讲人介绍：俞孔坚

北京大学建筑与景观设计学院院长，教授，博士生导师，哈佛大学设计学博士，长江学者特聘教授，国家千人计划专家，北京市特聘专家，美国哈佛大学景观设计与城市规划兼职教授，北京土人景观与建筑规划设计研究院首席设计师，美国景观设计师协会会士(FASLA)。主要从事城市与区域规划、城市和景观设计、生态规划方面的理论研究与设计案例的实践。出版著作17部，发表论文250余篇，完成大量城市与景观的设计项目。俞孔坚教授的设计作品遍布全国和海外，这些作品以现代性和鲜明的中国特色，以生态和人文的精神，赢得广泛的国际声誉。俞孔坚把城市与景观设计作为"生存的艺术",倡导白话景观,"反规划"理论,大脚革命和大脚美学以及"天—地—人—神"和谐的设计理念,曾7次被国际景观设计师联盟、美国景观设计师协会等国际大型会议邀请并作为年会的主旨演讲人。分别被中央组织部、中央宣传部、中央统战部联合授予"留学回国人员成就奖",被国务院侨办授予"首届华侨华人专业人士杰出创业奖"。俞教授设计的作品先后获十多项国际和全国性奖励,包括全美年度荣誉设计奖(美国景观设计师协会,2002年)、首届中国人居环境范例奖(中国建设部,2001年)、国际可持续社区设计奖(美国建筑师学会,1993年)等。

内容介绍:全球化和城市化,给景观设计学带来了众多挑战和机遇。其中包含环境与生态危机、文化身份危机、精神信仰缺失,要求当代景观设计学必须承担起重建桃花源、重建"天—地—人—神"和谐的重任。本讲从中国大地生态景观的文化演绎、美学和环境伦理以及城乡规划方法论和国土生态安全格局的建立等三个方面,用多个实际案例探讨了中国生态文明之路。面对当代中国的环境与生态危机,提出新的生态文明之路在于:1. 在中国大地上重建生态安全格局,保护和完善覆盖整个国土的生态基础设施,像农业时代的风水格局一样,以保障在城市时代中国大地的生态安全和环境健康;2. 倡导"野草之美"与"大足之美"的新美学与新伦理,续唱新文化运动之歌,继续一场生存危机下的文艺复兴。

先和大家说明一下这次演讲的题目为什么叫"大脚革命"——因为我们现在所处的时代,是一个需要我们改变思路的时代。而我称之为大脚革命,其实也就是把中国过去30年的城市化比做了"小脚"的过程。那我为什么称之为小脚的过程呢?众所周知,在旧中国两千多年的封建历史中,男人都是通过,而且只能通过科举进入城市——在1950年以前,中国只有10%的人住在城市里,这10%的人除了服务人员,基本上都是通过科举进入城市的;而女人,尤其在明代,则需要通过裹脚才能进入城市,因为女人不裹脚那就是大脚丫,她要下地干活,那她就永远是农村的,被认为是粗野的、粗俗的。所以在中国的审美史上,关于什么是漂亮的、什么是美的、什么是高雅的等问题,是随着城市化的进程,被中国封建时代的人们一代一代地定义的。举个例子,中国历史上诸多著名的文学家,包括苏东坡在内，他们描写好看的脚是"三寸金莲"，越小越漂亮。所以我们的文化基因中关于高雅的审美标准是仕女画、仕女图，它们明显有别于那些粗野的、乡下的"大脚"画。

仔细看那些仕女图，大家不难发现，那时定义的美就是白皮肤、细腰、"三寸金莲"，而且一般不露出来，这就是所谓的城市化、高雅化。而且这种现象不是中国独有的，整个人类文明的发展过程都经历了这个过程。以玛雅文明为例，2007年我开车横穿中南美洲进行了专门考察，我发现普通的玛雅人都是大脚丫子，身体健壮、皮肤黝黑，这些都是自然所赋予的好的特质。但在大致上以金字塔为代表的玛雅文化中，贵族住在城市中，城市高雅的贵族们一生下来就把头裹起来，用板夹住压扁。这其实和中国以女人小脚为美的价值观是一样的。那这个价值观是什么样的价值观呢？其实就是把寻常的东西变成不寻常的，变成异常的。什么是寻常，什么是异常？自然赋予人类所有的特质是相同的，就是寻常的，而凡是违背自然的就是异常的。玛雅贵族为了表示他们的异常，甚至会剁掉一个手指头，而他们认为这才是奇特的、高雅的、与众不同的，这样才可以统治所有寻常的百姓。这就是城市中高雅化和贵族化的标准，是千百年来城市贵族为了有别于乡巴佬而定义的所谓的美和品位，而为了定义这个标准，他们将自然所赋予的健康和寻常变为病态和异常。这就是我的一个结论。

中国和中美洲虽远隔千里，那时在审美标准上却有共同的特征。而我们看到的、历史遗留下来的城市和人文景观，就是这种贵族文化及其价值观的最宏大展现。可以说，没有任何一种文化比城市更宏大了，所以城市在本质上就是文化的语言、文化的表达。其实，我刚从脚讲起，最后讲到整个城市的设计，这些都体现了这种"大脚"的价值观和审美观。

我们再来看几个有关"大脚"和"小脚"的例子，以深入了解城市中定义的所谓的美。乡下的稻谷丰产时穗穗饱满；而城市中的草地，需要灌溉和施肥，但却用篱笆将它和人们隔离开来。丰产的稻田变成了无用的草地，但我们还认为这是高雅的、是城市化的特点。乡下的果园，收获时果实累累；而城市中的桃树，只开花不结果。田野间的野草，不需要管理，生命力很旺盛，一株可能有上千颗种子，可以随处安家生长；城市化后，野草需要铲除，我们欣赏的是牡丹一类的花卉。牡丹是中国的国花，但它的栽培非常困难，水多了、少了都不行，而且它结不了种子，只能通过根来繁殖。再比如鱼，乡下的鱼，是大自然的鱼，活蹦乱跳，健壮、肉汁鲜美；城市化后，不少鱼就变成观赏鱼类，比如金鱼，它是畸形的，头不正常、腰不正常、尾巴不正常，如果把它放在长江里，肯定不到两天就死了。再比如狗，乡下的大黄狗可以看家，但是乡下的大黄狗是进不了城的。这时，大家应该能理解城市化的本质了吧——所谓的高雅和品位，实际上是剥夺健康、换取畸形的过程。

中国的园林也是如此。以苏州园林为例，中国人所谓的好石头是"瘦、露、透"，又瘦又露又透，这种石头在乡下既砌不了墙，也铺不了地，一点用都没有，但我们的文人雅士却把它当成美的东西。再比如龚自珍的《病梅馆记》，他描写的是梅花美的标准的畸形化，以病态、扭曲的、畸形的盆景为美，实际上揭示的是中国知识分子教育体系的畸形化，是我们审美标准的畸形化，这种表现在培养人高雅化的过程中，实际上就造就了我们拥有一致的畸形价值观的环境。而事实上，不仅仅是这个欣赏梅花的小环境，还有更大的环境也是畸形的——桃花源。陶渊明描写的桃花源有真实的背景，讲的是打鱼的武陵人沿着溪谷走进去，两岸桃花，这些桃花是会结果的桃花；谷内有鱼塘，可以用来养鱼；谷内也有竹子，可以用作建筑材料，还可以产竹笋，所有的这些都是丰产的，都是有用的。但圆明园中的桃花源是皇帝喜欢陶渊明在《桃花源记》中描写的漂亮景色而让艺术家画的。结果这些艺术家只画了个形，他画了山，画了水，画了桃树，但这些桃树只开花不结果，池塘中养的鱼是金鱼。我前天刚从重庆回来，而这次的重庆之旅再次印证了我的结论。重庆酉阳有一个桃花洞，是中国所有桃花源中最切题的一个，但现在这个真实的桃花源已经变成了虚假的桃花源——三年前，这里还种稻子，鱼塘中也还养鱼，桃树也还结桃子，但现在所有的桃树已经不结果了，鱼塘中养的也已经变成了金鱼，稻田也已经变成了草坪。这只是一个小的例子，实际上我们的整个城市都是在这样的价值观下建造的。圆明园有40景，几乎每一景都和桃花源有关，而某种意义上圆明园讲述了一段历史，一段桃花源"城市化"的历史——20世纪

80年代，当圆明园还是一片废墟时，它里面还种荷花、种稻子、养鱼，到2008年，为了恢复圆明园所谓的盛景，将这些都毁掉了，圆明园又回到一个城市化所谓的美的景观，我认为这就是小脚的过程！而小脚城市和小脚美学是中国千百年来城市化的基本特征。

我刚才讲了，20世纪50年代前，中国有10%的人口在城市，也即消费人口只占全部人口数的10%，中国过去漫长的农业时代，实际上是靠那剩下的90%的人供养，使这10%的人过小脚的生活。比如八抬大轿，八个人抬一个人，因为她（他）是"小脚"走不了路，而"不事生产"被认为是最大的成功。美国作家赛珍珠跟着父亲赛兆祥在安徽宿县生活了十多年，她有一篇著名的小说叫《大地》，讲的就是安徽宿县的故事。小说的主人公王龙原来是一个墙工，他娶的老婆是地主家的佣人阿兰，阿兰是大脚，非常能干。而王龙因为有一个这么好的妻子，就慢慢地发迹了，最后连财主家的房子都买下来了，变成了城里人。但变成城里人的王龙发现阿兰的手、脚、鼻子太粗大了，太不漂亮了，所以他后来就找了一个小老婆，是纤纤玉手、三寸金莲、不事生产，而阿兰就被他嫌弃了。

这个故事讲的是当年中国的一个农民如何城市化，价值观如何改变，品位如何改变，审美标准如何改变。而实际上我们今天的城市化也是如此，并且面临的挑战比当时要大得多。当前，中国城镇人口占全部人口数的百分比已经从以前的10%增加到了50%，而剩余的50%也非常想进入城市。多数人在进入城市之前都怀揣着同样的梦想，就是都想变成一个不事生产的"小脚"，而这个梦想其实是受到文人雅士传递下来的文化基因影响的。这将是我们中国城市化发展面临的巨大挑战，因为怀揣着这个梦想的人在中国每年可占到全人口数的1%，也即一千三百多万人，想要从农村涌入城市。

当然这个梦想在中国是由来已久的，从秦始皇时就开始了。而千百年来，无论我们的服装、交通工具、技术、经济如何改变，这个梦想却一直没变。比如城市中的广场，大部分原来是稻田，但为了造一个漂亮的广场，一夜之间从一块会呼吸的土地、生态的土地、可以生产的土地变成了一个漂亮广场。再比如新农村建设。新农村建设在本质上当然没错，要发展农村，改变城乡间的不平衡状态。但我们是通过什么方式建设新农村呢？我和我的几个学生在湖北考察时，被当地干部兴高采烈地拉着去看他们的一个政绩，就是把原来的一条蜿蜒曲折的河流改建成了一条直通的水渠。这个水渠被他们认为是新农村建设的典范，但实际上他们把自然的河流高雅化了、城市化了，河流的两岸原来全部都是丰产的稻田，但现在只剩下观赏用的景观植被。而这些景观植被很多都不是绿色的，而植物变成非绿色的原因无非是两个：一是出现了细胞变异，植物的叶绿素变成黄色的，这种情况的可能性比较低；二是有病毒入侵植物，致使植物的叶子发黄。换言之，他们现在种植的植物都是带有"病毒"的，是没有生产能力的，它们在人们追求城市化、高雅化的过程中失去了自然所赋予的合成碳水化合物的自然机能，变成不事生产的植物。

  这样的例子还有很多，比如将乡间小路拓展到很宽，在道路中建景观带；我们太急于将粗野和丰产变成高雅、无用，像千百年前玛雅人的扁头术一样将城市建设成了畸形的，这是我们目前面临的非常重要的问题。因为我们不仅将城市建设成畸形的，还以这种畸形为美。

  我们过去30年每年的水泥消耗量几乎是当年世界耗掉水泥总量的50%，而钢材是30%，煤炭是30%。当然城市化需要消耗资源，我们需要建城市、建街道，但关键是我们没有把这些资源花在该建的东西上，很多资源都被浪费了。我们用巨大的代价建了很多无用的东西，浪费了巨大的能源和资源。

  所以当前我们梦想中的城市，有些就像是牙科大夫的工具箱，而且是被裹脚的。我们所谓的审美观、现代化、高雅化，有些是畸形的。而之所以将审美观放在前面是因为美学实际上就是我们的宗教，如果不懂得审美，最终就会导致这样的后果，包括环境的问题。也就是说"小脚"加"巨物"使我们的城市走向死亡，而中国城市的危机其实是很严重的。第一，现在中国有660多个城市，其中有400个城市是缺水的，而整个华北平原全都是缺水的。北京的地下水位一年下降一米，而平原和山地交接地带的地下水位则是一年下降2.5米！地下水位的持续下降将导致众多的问题，包括海水侵入、沙漠化等，而当地下水下降到植物根系达不到的水位时,所有的乔木都会死亡,整个土地都会沙漠化。第二,中国只有世界8%的淡水资源,但其中75%的地表水是被污染的。以北京为例,甚至引水渠中的水都被污染了,变得不适合饮用了,而北京居民80%的饮用水是地下水,而据我们30个研究生做的有关北京地下水位调查的课题显示,北京城里现在没有一口井是有用的!第三,中国有50%的湿地在过去30年里消失了。原来红军长征要过草滩,过湿地,但去年我实地考察后发现那里根本就没有湿地了。第四,与破坏相对的是洪水频发。中国大部分地区是季风性气候,也就是夏季下暴雨,且集中在七八月份,而这种集中的后果就是容易引发洪涝灾害,所以水利部门最主要的一项工作就是排洪。但现在很多江河都被水渠化了,黄河如此,长江亦如此,珠江、淮河也是如此,黑龙江、松花江也是如此。如果把河流比作大地身上的血脉,也就是说大地已经是心血管硬化了,它没有任何储存洪水的空间,从而导致洪水频发。

  为什么会出现这种情况呢?当然气候是其中的一个原因,但主要原因还是人们人为地把河流系统这个自然的血脉渠化和硬化了,从而导致大自然丧失了很多的自我调节能力。有时候洪水发生时的降雨量和洪水量都没有达到历史上的最高值,但它们造成的灾害却是历史上最严重的。而造成这个结果的原因,主要是因为地球上能吸收洪水的"海绵"没有了。湿地被认为是大地的肾,而50%的湿地消失的话,地球的自我调节能力就会下降很多,从而造成严重的生态及社会问题!

  从前面的分析可知,北京是一个严重缺水的城市,但2011年北京城里淹死了两个人。无独有偶,2009前在山东济南市区也淹死了八个人。这其实都是因为我们不知道如何利用自然的自我调节能力,太过于相信工程师、相信水利工程造成的。实际上我今天想传达给大家的是:工程不代表科学,片面的科学也不是真正的科学!而我们需要考虑的是如何解决当前面临的生存问题。从地球的卫星云图来看,我国北面的俄罗斯是绿色的,南面的东南亚是绿色的,只有我们中国是黄色的。虽然这里面有气候的原因,但这个结果很大程度上是我们过度开垦土地,又不进行土地调理造成的。所以我们需要一场思想的革命,需要一场大脚革命来重新解放大家,换句话说就是到改变的时候了——城市设计需要回归生存艺术。

那我们如何改变现有的规划设计呢？规划设计是一门建立在很多学科基础上的学科，是需要整合多方面知识的。但如果负责人不知道什么是美的，什么是好的，那再好的设计也是没用的。所以首先要从思想转变开始，而实现思想转变有两个战略。

一个是从规划的角度来讲的反规划，就是反对现在的规划方式，使用新的方法进行规划。那这个规划是什么呢？就是解放大脚，建立生态基础设施。生态基础设施和现在城市的基础设施不同，现在城市的基础设施应该被称为灰色基础设施，如马路、铁轨、污水处理池等都是灰色的。这是基础设施的建设。实际上很简单，只要有建筑工人，有建设图纸，有建筑材料就行了。以前我们一致认为市政基础设施可以解决城市的一切问题，比如说面对暴雨，我们认为地下管道可以将水排走，所以当北京被水淹了之后，大家就会责怪市政部门修的地下管道不够粗，来不及将水排走，因此目前社会普遍认同要解决北京的水患就要将其地下管道修得像伦敦或巴黎的那么粗。再比如北京的堵车问题，工程师和市民讨论的结果是把马路修宽，但马路越修越宽，堵车问题却依然没有解决。也就是说通过基础设施来解决问题的工程思维是不行的。比如北京雨季的排水问题，是不可能靠地下管网解决的。因为北京全年的降雨量才500毫米左右，积水时的瞬时降雨量可以达到100毫米，而要将这些水排掉，地下排水管道的直径比普通马路的宽度还要大，但这个地下排水管道可能一年只用一两天，其他时间都是空置的，还需要花费大量的资源来进行维护。所以这是行不通的，那该如何做呢？答案就是可以通过反规划来解决。反规划就是建立生态基础设施，让自然的生态基础设施，包括河流、湿地等承担排水功能，提供生态系统服务。

所以，城市的规划不是先建设马路和地下管网，而是要先留下能够让这个城市可持续发展的生态基础设施，这和传统规划思维是不一样的。传统规划思维就像在涮羊肉店的羊肉，厨师把羊按部位切割成各种块，每个部位的价格和味道都不一样，比如耳朵、舌头等.我们的城市规划部门就是将城市中的土地来划成块的，各块的功能作用设定都不同，然后一块一块地开发,一块一块地卖地,把城市土地这头牛吃掉了,牛也就死了。而反规划思维就像兽医店的优秀医生看动物一样,兽医研究问题是系统的,他会研究动物的呼吸系统、循环系统、消化系统等,当他救治动物时,也是对其进行系统梳理,绝对不是轻易地把某一个器官切除。而救治好动物不是为了吃,因为它显然是提供服务的,是有服务功能的。

生态自然系统同样具有这样的服务功能,因为自然不仅仅是资源,不仅仅是用来消耗的,它更重要的功能是调节功能。第一,土地能储蓄一部分雨水,减少洪水泛滥的可能性;第二,有些植物的分泌物具有杀菌的作用;第三,自然界的栖息地生长了多样化的生物;第四,它可以带来美学和精神的享受等等。不过这次我主要讲的是,生态基础设施能够将提供这些生态系统服务的关键性事物进行景观整合,进而提供生态系统服务。就像当前的市政管道提供的服务一样,不过它提供的生态系统服务几乎是免费的,因为它是一个自然生态系统,具有自我维护的能力,不需要我们投入很多的资源去维护。

但是我们过去已经把这套自然系统毁掉了,我们已经没有一条河是完整的河了,我们要重新恢复这个完整的系统。我们研究院曾做过一个课题,就是在国家尺度上建立一个生态安全格局,使它能解决中国的洪涝问题。我们经过研究发现,如果中国没有防洪堤,我国的洪涝灾害的影响范围会是有多大呢?中国真正需要建城市的地方不超过5%,也即如果中国80%到90%的人到城市居住,实际上只需要占用全部国土面积的5%就足够了。但问题是我们所有的城市,特别是长江沿岸和东部城市,大部分都建在淹没区中,也即城市选错址、建错地方了,以至于我们每年要花几千亿来解决洪水问题。不过像长江边的武汉、上海,珠江口的广州等城市的建设,主要是出于早期的航运需要。中国真正的城市化是30年前才开始的,也就意味着我们30年前是有机会把城市选在更好的地方,比如洪水淹不到的地方,但我们却没有。而更有意思的是中国耕地只占世界耕地的10%,而全国可用来耕种的土地只占总国土的18%,但几乎所有的城市都是占用了耕地而建造的。这就是中国当前的环境问题——资源和城市发展之间的矛盾更加尖锐。这个研究还发现中国所有的栖息地、10%的自然保护地都是孤立的，是一块一块的。但实际上人们是可以把它们连为一体，形成一个网络的，这个网络就叫国土的安全格局。就像大熊猫有多个栖息地，但生物保护研究表明每一个栖息地都不足以维持一个物种的生存，如果我们在各个栖息地之间建立通道和联系，打破原有的孤立状态，使之形成栖息地网络，那就可以解决这个问题了。

另外，中国到处都是文化遗产，其中最主要的一些遗产，包括长城、大运河、丝绸之路等，都是线性的，我们对其的保护也是单个点的保护。后来据我们的研究发现，中国实际上有 19 条国家级的文化遗产廊道，大运河就是其中的一条。而说到大运河，我们 2004 年曾在国家文物局的支持下带着学生从北京骑车至杭州，进行考察研究，最终推动了大运河进入中国文化遗产名单。而事实上，我们应该把这样的遗产都找出来，并绘制分布网络图，使得将来任何一个大学生都能有这样的"考察经历"，因为这样的文化廊道不仅表现了中国气候带的坡面，也表现了中国的文化坡面，考察一圈像读一本中国文化的教科书，不但能全面了解中国文化，而且能了解各物种的情况。

把这些都叠加起来，包括水系统、保护区、栖息地等，综合地战略性地规划国土格局，建立一个相互沟通的网络，就像分布式网络那样，从而扩大物种的生存空间，保证物种的生存。而这个网络实际上是一个战略性的资源集合。因为当一个国家经济发展到一定程度时，它的国民就一定会考虑休闲。但是如果今天这些资源被我们彻底破坏的话，它就永远地消失了，所以为了可持续使用，我们现在必须要对它们进行保护。所以应该把自然的过程、水的过程、生物的过程和文化遗产整合起来，组成一个国土生态基础设施。而这将用最少的土地维持中国国土的健康，维持中国国土的生态安全格局。这就是宏观层面的研究，且有很大一部分被国土资源部采纳，还写入经济发展纲要了。

第二个，是中观层面的区域尺度。还以北京为例，北京确实存在很多问题，像缺水问题、文化遗产问题、堵车问题等。我们给北京市国土资源局做了一个研究，内容包括：如果北京的降雨都被土地截留，那北京会是什么样的生态格局？什么样的生态系统可以保证所有的降雨都被截留，而不是被排到海中？如果让北京市民能够骑车了解北京的历史文化，这条文化廊道在哪儿？如果北京发生堵车，怎样才能让大家可以步行或骑车上下班？如果将这些问题全部解决，那就会形成一个绿色的网络，而这个绿色网络就会成为城市发展的框架。非常高兴地告诉大家，我们这个研究的很大一部分实际上已经被北京市国土资源局采纳了。北京市会拿出一百万亩土地来进行生态基础设施建设，以期解决上面提出的问题。首先植树，然后将河流廊道逐渐放宽，最终使得我们不需要再建防洪设施，因为可以让雨水一直进入廊道中。同时，北京市不同地区的地质差异，也使得我们要因地规划。比如昌平地区的河流几乎都是干枯的，河床上全是砂卵石，所以雨水一落到地表就会渗入地下，所以这里就应该保持它原有的生态，不应该建任何工程。再比如永定河，永定河的廊道和河谷是北京市最大的地下水补给区，但是现在永定河又被错误地开发了，它的河底被铺上了水泥，这就导致河水无法补充地下水。

  上面讲的是中观的区域尺度。下面我们来具体谈一下中观尺度——如何与洪水为友。仍旧以北京为例，我曾经给北京市大兴区规划设计过一个水库，这个水库有一平方千米大，但却是干涸的。现在要在水库周边搞建筑，水利工程上通常的做法会将它作为一个治洪水库，用来预防永定河决堤造成的洪灾。但后来我们就说，防洪是有多种方法的，不能直接在城中建一个水库防洪，我们有更艺术的方法，比如把这个水库拆成一千个小水库，把水分散到城市中，这些水库就像蓝宝石项链一样。这些水库在发生洪水时可以滞留洪水，但永定河的决堤概率很小，可能100年才有一次，那这个水库平时可以在下雨时收集雨水，平时是公园，又可以作栖息地，而在水库周边又可以建自行车廊道。后来这里周边的环境变好了，周边的房地产地价也提高了。

  再比如我们曾经主持浙江的一个项目，当时水利工程师一定要将曲改直，这实际上是一个很大的错误。现代景观生态学研究表明，河流越弯曲它的治洪能力越强，洪水的冲力越小。后来我们说服了领导，把一条河变成了十条河，就像我们的手指头，握成拳头的力量很大，但五个手指头伸出去打没什么力量。但遗憾的是现在水利部门做的基本都是把江河的水变成了"拳头"。但如果把一条河变成了十条河，就能使得家家户户门前流的都是水，环境的可宜居性就提高了。这其实是一个综合的解决方法。

再比如武汉五里界生态城，也是用反规划方法建设的。武汉也是多湖之地，10平方千米的土地上有大大小小几百个湖泊，其中的一个湖实际上是文化遗产，有千百年的大脚文化。为什么用大脚比喻呢？因为任何一场降雨都能被吸收，而这是农民留给我们的遗产。夏天它像海绵一样吸水，秋天它又可以释放出水用于灌溉。如果把这套系统留下来，我们的城市就不需要排水管了，仅此一项就可以节省好几个亿。所以说用这些水来建设我们城市的绿地——城市公园，然后围绕这个城市公园建设我们的城市，而在城市公园上建立步行网络，这样人们就可以沿着公园穿过绿道上下班，再加上自行车廊道，这个城市就不再需要汽车，而开车最终会被证明是最落后的方法。

再比如荷兰等欧洲国家，他们都在倡导绿色出行，骑自行车上班被认为是最高雅的，这其实就是从小脚回到大脚。再比如美国，美国密西西比河两岸都是工业城市，他们主要通过属于反规划理念的三大策略，建立生态基础设施，解决生态系统服务问题，包括雨水收集、让鸟栖息、生产功能和休息功能等。他们的生态基础设施把降雨从屋顶开始就利用起来，通过净化、过滤进入河流，营造密西西比河两岸的生态廊道。而这个生态廊道延伸到城中，以雨水为导向，利用截留的雨水建立一个一个的湿地系统，最后城市沿着这个生态廊道建设。这就是一种反规划，而它最后实现的是一个生态的城市。通过湿地系统截留雨水既恢复了密西西比河，又保证了两岸低碳城市的发展，所以这是第一个战略。

而第二个战略叫新美学，我们必须要倡导一种新美学、新文化、新价值观。而这种新美学就是低碳美学、大脚美学。我们必须让人们知道这种规划才是美的，这是我们的目的。前面讲了几个案例，一个是讲我们怎样与洪水为友，但主要讲的还是理论，下面我们来看一个案例。

刚才讲了浙江的水利工程，当时水利工程已经投入了两个亿，但后来市长觉得这不漂亮，就问我们能不能再美化一下。他认为景观设计是搞美化的，实际上不是的，景观设计不是美化，而是要解决人类的生存问题。所以我就和他讲，这不是美不美的问题，而是这条河已经病入膏肓了，靠美化是不行的。后来他们通过人大表决和政协会议，停了那个水利工程，宁可不要这两个亿，也要保护母亲河。他们不仅保护了这条河，而且用刚才我讲到的新的防洪方法来解决洪涝问题。后来的实践也证明十年一遇或二十年一遇的洪水并不可怕，淹掉的地方是有限的。那为什么不把城市建在别的地方？他们后来就把这里变成了公园，恢复成了生物的栖息地，公园十年或二十年才被淹一天，不会给城市本身带来太大的影响。这就是与洪水为友。河道两边都是野草，不用维护，它回到了大脚状态，而且浙江台新闻联播在它建成后进行了播报，告诉你这是美的，很多参观的人都来了。

第二个案例，是有关回到大脚生产的沈阳建筑大学的校园。这个校园属于低碳绿色校园，现在是教育部的一个典范。学校花了五个亿把办公楼、教学楼都建好了，但突然发现校园没修好，而且钱也花完了。学校的校长就打电话问我，能不能在六个月内把校园建好。我就和他讲，可以收集雨水，然后用雨水种稻子，再把读书台放在稻田中。后来他们的校园建设三个月就完成了，而且基本上没花钱。师生们在闲暇时会在稻田边散步、读书等，他们还过插秧节、收割节等一系列的文化节日。夏天有青蛙，有鱼，有螃蟹，还可以放羊。这个稻田仍然是大脚的，但是这个大脚已经很漂亮了，而穿着皮鞋穿过稻田去上课，这是衣锦还乡的感觉。其实，耕种、读书一直都是中国儒家知识分子的梦想。但是中国农村稻田的田埂很窄，人们赤脚才能穿过。所以古代的衣锦还乡是坐着轿子回到家乡去看稻田、看家乡人的。今天，我们实现了穿着皮鞋进入稻田的梦想，这是大脚的城市化，所以它是美的。而在每年的收割季节，一部分稻子会被留在稻田里，为什么？我爷爷曾经告诉我说，割稻子时千万不要割光所有的稻子，而是要保留一块儿在地里，不然老鼠就会跑到你家里吃你的粮食了。这估计也是合作化后鼠害严重的一个原因吧。不过，保留一部分稻子在地里是很不一样的，因为它会吸引成群的鸟等生物。

第三个案例是废旧利用，它创造了一种新的美学。中国第十届美展的金奖作品,就是一件废旧利用的作品。废旧利用创造了很多美好的作品,比如废旧厂房变成了美术馆,铁轨变成了休闲设施,陪伴它的还是野草,但它让野草也变成美的了。事实上,废旧利用创造了一种新的美,不是修剪的、不是畸形的,而是健康的美,这种美在中国传统中是没有的。这种美学是低碳的、节约的、循环的、再生的。

比如"绿荫中的红飘带"这个项目。我们通常会将河岸改建成水泥钢筋的"三面光",然后绿化工程师再对它进行美化。但在这个项目中,我们做了一条 500 米长的"椅子",其他的都不动,也不用特意去管理。而这条椅子在 2008 年被评为世界新七大奇迹之一,与迪拜塔齐名。但其实这个设计是很简单的:一个板凳,它的周边都是野草。但是这个板凳吸引了很多人,老人们坐在椅子上聊天,大人们在椅子旁边的小路上散步,孩子们在椅子上戏耍,到了晚上还可以亮灯。这就是大脚设计,它的周边都是野生的,造价很低,但是非常美——这其实是一种新的美学!

还有一个例子,是有关城市的废弃地治理的,它发生在天津。众所周知,废弃地是典型的脏乱差,那如何用最小的投入来解决这个城市环境问题,也即盐碱地如何治理?最后的措施是挖 21 个坑来收集雨水,因为雨水是酸性的,可以中和盐碱地的碱性,从而使原来的废弃地变成了不同 PH 酸碱度的栖息地,从而繁衍出不同的植被。而最后的治理结果,就是不同的乡土植被就恢复了,而且不用管理,非常漂亮,开园的第一个月就有 20 万人参观。

最后,再讲一下关于雨水的问题。哈尔滨和北京一样,经常发生洪涝灾害。面对这个问题,我们应该采取什么措施,使城市能够像海绵一样吸收雨水呢?哈尔滨的解决方法,就是通过建造雨洪公园以吸纳雨水。具体的措施包括简单的填挖方,进而使用过滤的薄膜将水净化,而净化的雨水流入湿地,人们可以站在高空的廊桥上欣赏,也可以在地面欣赏这个湿地风景。事实上,这是一个生态工程。这个公园用时一年多就建成了,而且很漂亮,而在公园周围也建造了很多居民楼,从而使城市和自然融合为一体。

另外,我们前面提到中国 75% 的地表水都被污染了,那有没有办法把污染了的水给净化呢?显然,我们可以采用环境工程,但环境工程主要是建造污水处理厂,但净化这些受污染的水将消耗巨大的 GDP,不太现实。所以我们应该采用一套生态净化污水的方法,上海世博园中的一个比较有名的项目就是采用的这套方法。

黄浦江江水是列第五类的水,这个公园一共有 10 公顷的土地,但是每天的水生产量是 2500 立方米。2500 立方米是什么概念呢?就是 5000 个人同时洗澡所耗费的水量。这用的就是我们刚才讲的生态技术。当年上海世博会的场地,其水源地是脏乱差的场地,就是通过那一套过滤系统来进行污水净化处理后使用的。这个项目里有八个专利,选择什么植物进行净化,吸收氮的是什么,吸收钾的是什么,吸收重金属的是什么,全部经过这套技术处理。

这套技术来源于什么呢?来源于我们的大脚文化,来源于农民造梯田,农民造完梯田的时候水往下游灌,在这个过程中,就把重金属、有毒物质等给吸收掉了,等水再流回到河里的时候自然就已经是干净的了。正是根据这个原理,就造了一个公园。我们做的污水处理厂有曝气作用,只不过这个曝气有多种功能,不但曝气了,还漂亮,还有很美的声音。大家看这是污水,梯田一层一层地过滤、跌落。这是在夏天,植物长出来的时候,吸收重金属、有毒物质的,层层的过滤过程中有不同植物的配置,并且不同植物如同过滤膜一般发挥作用。娃哈哈纯净水是经过 56 道膜过滤的,这就是我们的过滤膜——生物的过滤膜。不同植物有展示的功能、教育功能、科普功能。水在流的过程中就已经很干净了,最后变得非常干净,可以游泳,黄埔江水变成非常干净的水。最后上海市市长说,所有上海的河道都要按照这个方法来改造。为什么?因为这是真正绿色的一个典范。芦苇也可以变得非常的漂亮,穿过去,而且丰产。

我们的污水基本上都叫负营养,就是氮磷钾的含量很高。作物最喜欢负营养了,那就让水稻吸收钾、磷都很好,向日葵有四季生产功能。把水泥浇筑的防洪堤砸掉,改造成生态的防洪堤(上海的防洪堤砸掉很不容易),码头改造成为一个漂在水上的花园。钢架再回用,变成一个遮雨棚。在上海的市中心已经有 37 种鸟在这儿安家了,所以它变成了生态的恢复,栖息地的恢复。刚才讲的上海这是展示一个小的尺度。更大范围的是唐山,污染非常严重,今年获了一年才一个的世界景观奖,唯一的一个世界景观奖。以前是脏乱差的地方,用了刚才讲的生态恢复的理念,现在变成了绿色母亲河。鱼也来了,有钓鱼的,有房地产搞城市开发的,都回到了母亲河。

最后我讲一个小尺度的,家里的景观设计案例。大家知道北京的公寓都有阳台,但北京的气候很差,冬天、夏天用不了,春天有风沙用不了,所以要把它围起来,做成玻璃温室,我家也把阳台做成玻璃温室,但我除了这个以外,还收集了太阳能、雨水。收集了雨水以后,我就把它浇灌到温室里头,把温室变成了一个菜园,这个菜园现在生产将近32公斤的蔬菜,就在这个小小的、很普通的阳台。

因为在家里,我的父母和姐姐都在这儿,我把一道墙变成了一个制冷墙,就是空调,下雨时让雨水落下来,落下来通过蒸发让空气流动起来,我家屋顶可以收集26吨水,蔬菜长得非常健壮,为什么?我们的空气里有氮肥,室内这个墙是生态墙,雨水从上面下来,当然这是循环的,这道墙可以蒸发、净化,把雨水变成了像空调的工作原理一样,夏天可以制冷,所以我这个房子夏天是从不开空调的,冬天没有加湿器,大家看我们用的加湿器。家家户户用加湿器,我不用加湿器,它有足够的湿度。人家给我数了数,有17个物种,包括蜗牛和壁虎,好多的种类。这都是它自己长出来的,可以净化水。

那么讲了半天主要在说什么呢?从国土到家园,到你的后花园,到你那个小小的房子,别看房子这么小,它解决了大问题。中国现在的住房有四百多平方米,这四百多平方米只有1%是节能的,我这个房子按照一般的情况下一年能节省2000度电。那这是什么意思呢?中国如果所有的房子不开空调的话,我们可以省下三个三峡水库。这是一个小故事,但是可以解决大问题的。

所以要有一场革命,这场革命是什么意思呢?有两个,一个就是解放自然大脚,建立生态基础设施,从国土规划到城市规划再到我们的校园规划。实际上我当时建议北大,如果哪个湖没水,种上稻子挺好的,如果这个能实现,那真是北大一道风景。没必要都灌上水,我们现在的未名湖抽的都是地下水，我当年给北大规划过校园，当时没实施。现在用的都是地下水，实际上北大应该全部收集雨水，所有的湖都应该种上稻子和其他的生产性的东西。

第二个战略是什么呢？一种新的、倡导低碳的美学。这种美学就是解决中国当前城市规划存在的问题，所有的这些问题都是我们科学价值观的问题。所有的工程，南水北调、三峡水库等，这些工程只是解决一时的问题，最终要解决的是一种新的价值观，新的美学。我有专门的一篇文章叫作《继唱新文化运动之歌》，我们必须续唱新文化运动之歌。一种新的美学，这种美学要解决中国的可持续发展问题，中国未来发展问题。所以中国目前存在的这些东西怎么办？我这么一个建议，把央视大楼改成立体养猪场，因为这个建筑太坚固了，用的钢太多了，太通透了，它吸收的太阳光太多了，完全可以变成一个立体的农场。上面生产蔬菜，中间养猪，底下养鱼，因为猪粪可以养鱼。地下室很大，可以生产蘑菇，它发的蘑菇可以够一个海淀区使用的。

鸟巢怎么办？把它变成一个国家菜市场，这个是开玩笑，但是也是认真的。因为所有城市，所有国际上的大城市最受欢迎的参观点和旅游点、以及市民最喜欢去的是菜市场，伦敦、巴黎、纽约都是如此，菜市场是最受欢迎的地方。因为这里可以展示世界上各种各样的蔬菜瓜果，然后农民在那儿卖，市民在那儿采购，参观者在那儿旅游，这是中国真正的繁荣的象征呀，而且还解决了菜篮子的问题。

绿色理念最终归结到城市的问题。这是我们真实的想法，我们的房顶可以收集太阳能和雨水，房顶可以养鱼，而且农民就在房顶养鱼，你们不知道，像重庆这一带因为地少人多，所以在房顶上养鱼。养鱼有很多好处，有生产功能、调节功能，刚才讲了能够降温。然后我们的马路没有必要这么宽，马路越宽车堵得越厉害。北京的交通就是因为大马路造成的，行人穿过马路很困难，需五分钟才过得了马路。为什么不把一条宽马路变成十条道路呢？刚才讲的道理是一样的，如果那样，那么它的经济效益、它的通行能力都会提高。

当然这里我有些极端了,甚至将来都不需要汽车,我们这么多的马路,马路占了北京三分之一的土地,马路和停车场的所有这些土地可以拿来生产种果树,北京街上以后全是果树那该多好,多余的地方可以收集雨水。将来都是公共交通来解决人们出行问题,人们骑自行车或步行上班,这是我们未来的发展趋势,这是我们的新桃花源。

跋

百廿北大 学术为先

百廿载悠长学府，双甲子薪火相传。从红楼到燕园，北京大学已经走过了120年历史。一代又一代的北大人铸就了北大思想自由、兼容并包的学术精神和爱国、进步、民主、科学的光荣传统。鸿儒荟萃，领思想之潮；群英云集，开风气之先。北大人既有身处变革时代勇立潮头的创新担当，也有于象牙塔中安心治学的平和宁静。

120周年校庆来临之际，北京大学也迎来了研究生教育100周年（1917—2017），我作为"才斋讲堂"的主讲人、主持人之一，见证了研究生全校通选课"才斋讲堂"的建设与发展。研究生的学习就像挖井，学得越来越深，越来越精。如何促进研究生在研究学习专精深的同时，拥有广博雅的视野，是"才斋讲堂"设立的基本思路。"才斋讲堂"跨越不同学科，打破原有教学体系中的以学科为基本单位的格局，以培养学生的科学精神和学科素养为宗旨，是一种创新的尝试。邀请各领域知名学者登上讲台，解读学科奥妙，碰撞思想火花，分享研究心得，"才斋讲堂"像是搭建了一个瞭望台，研究生们在这里与大师交流和碰撞思想，站在大师的肩膀上眺望不同学科的远方。

至今已经举办了近150场讲座，汇集理工医、文史哲、政经法等各个专业领域杰出专家学者，他们结合自己的亲身经历和研究方向，旁征博引、娓娓道来、引人思考。内容涉及自然科学、社会科学和人文学科等多个领域，有的侧重于探究精微学理，有的侧重于解决当下的重要现实问题，包括中国经济、国际政治、现代文学、创新创业、医疗改革、医学教育等多个话题。然而无论属于哪个学科、哪种类型，每一篇讲稿包含着对于本学科的研究方向、研究方法和研究思维的总览概括与提炼升华，反映着主讲人多年来的研究经历、研究成果和研究心得，对于研究生拓展视野、丰富见识、提升素养大有裨益，体现了北京大学在创造性研究人才培养和创新性研究成果产出方面取得的成绩。高水平讲座之于大学文化建设的重要性越来越凸显，讲座的运行已经有一定的模式，围绕某个热点问题从不同学科角度去探讨，通过讲座的精心组织和安排使得松散的讲座具有了系统性、前沿性，"才斋讲堂"已经成为北京大学研究生教育的一张闪亮名片。

七年多来，得益于研究生院集体的努力和老师、同学们的支持，得益于北大浓厚的学术氛围和完备的学科体系，精彩绝伦的内容，广大读者的期待，让我们深感有责任有义务，将"才斋讲堂"的讲稿继续整理出版，让更多的人和北大学子一起，分享各领域专家学者在治学和人生方面的经验与智慧。在学校领导的关心和及宣传部、出版社等相关部门的支持下，《北大才斋讲堂》在学校新闻网、电视台、图书馆、档案馆都有新闻稿、讲座资料可以浏览，第一辑也于 2011 年 6 月公开出版，来自全国各地、各行各业的读者，通过阅读书稿，对话学术大师，感受北大氛围，在潜移默化当中提升了自己的科学精神和学术品味。书籍的出版，还带动中学老师对科学前沿的关注，有的中学围绕"才斋讲堂"主讲老师的报告内容开展教学研究和讨论，这是我们之前所没有想到的。

百年北大，学术为先。相信《北大才斋讲堂》的集辑出版，将助力弘扬北大优良学术传统，发掘杰出学术人才，以精深的学养和卓越的学术成果，为实现北大未来发展三步走战略、推进世界一流大学和一流学科建设做出自己的贡献。再次期许"才斋讲堂"秉承北大优良传统，师生共同求索，与社会同行，与时俱进。

是为跋。

2017 年 10 月于燕园